LA PAROLE ÉTERNELLE

SERIE BLEU, LIVRE UN

L'HISTOIRE DU SALUT : L'ÉPÎTRE AUX ROMAINS

Treize leçons bibliques non datées

Éditions Foi et Sainteté
Lenexa, Kansas (États-Unis)

Éditions Foi et Sainteté
Lenexa, Kansas (États-Unis)
978-1-56344-185-1

Rédacteur : Roberto Manoly

Sauf indication contraire, les citations bibliques renvoient à la version *Segond*. Les italiques et les parenthèses que l'on rencontrera dans les textes bibliques sont du rédacteur.

INTRODUCTION AU TRIMESTRE

L'épître aux Romains est considérée par de nombreux érudits et penseurs chrétiens comme l'œuvre maîtresse, le traité capital de l'apôtre Paul. En effet, cette lettre traite des grandes doctrines de la foi chrétienne d'une manière telle que le croyant peut trouver, en les lisant et en les relisant, les éléments nécessaires au raffermissement de sa foi et les lumières qui dissipent les doutes et les confusions sur des sujets d'importance vitale comme, par exemple, la foi, la justification, la régénération, l'adoption, la sanctification. Bien que l'Apôtre développe certains de ces thèmes dans ses autres épîtres, nulle part ailleurs dans le Nouveau Testament pouvons-nous trouver tant de clarté dans leur présentation.

Par ailleurs, l'Apôtre semble emprunter aux Évangiles certains des aspects de ses arguments sur la puissance salvatrice de l'Évangile de notre Seigneur Jésus-Christ. Cette puissance salvatrice devient évidente par rapport au problème du péché et de la chute de l'homme.

Contrairement à certaines doctrines qui mettent l'accent sur le caractère partiel et partisan du plan du salut, Paul montre d'une manière nette et claire l'universalité et du péché et du salut. « C'est pourquoi, dit-il, comme par un seul homme le péché est entré dans le monde, et par le péché la mort, et qu'ainsi la mort s'est étendue sur tous les hommes, parce que tous ont péché » (Romains 5.12) — il s'agit ici de l'universalité du péché. Mais Paul va plus loin, en comparant l'universalité du péché à l'universalité de la grâce. « Ainsi donc, comme par une seule offense la condamnation a *atteint tous les hommes,* de même par un seul acte de justice la justification qui donne la vie *s'étend à tous les hommes* » (Romains 5.18, c'est nous qui soulignons). D'un côté, la condamnation — conséquence du péché — a atteint tous les hommes ; d'un autre côté, la vie (ou le salut) — conséquence de la grâce — s'étend à tous les hommes. L'enseignement selon lequel Dieu condamne tous les hommes, d'une part, et choisit de sauver certains et de laisser périr les autres, contredit Romains 5.18 et est en quelque sorte une insulte à l'amour de Dieu et à sa grâce qui est « source de salut pour tous les hommes » (Tite 2.11).

À travers les siècles de l'ère chrétienne, beaucoup de personnes ont été influencées plus par l'épître aux Romains que par tout autre livre du Nouveau Testament. Parmi tant d'autres, citons en trois : Augustin, Luther et Wesley.

Augustin (354-430) se convertit au christianisme à la suite de la lecture de Romains 13.13-14. Martin Luther (1483-1546) parvint à la foi en méditant les paroles de Romains 1.16-17, et devint dans la suite un champion de la doctrine biblique de la « justification par la foi ». John Wesley (1703-1784) trouva la paix avec Dieu un soir, alors qu'il écoutait la lecture de la préface de Luther à l'épître aux Romains, particulièrement le passage où le réformateur allemand décrivait le changement que Dieu produit dans le cœur par la foi en Christ. Ces témoignages, et tant d'autres, montrent l'importance de l'épître aux Romains quant au traitement systématique des doctrines relatives au plan du salut.

John B. Nielson voit dans la sainteté du cœur et de la vie — proposée par Paul en Romains 12.1-2 — le message central de l'épître. Nielson arrive à sa conclusion en utilisant l'esquisse suivante :

I. Péché (Romains 1.1—3.23). Tous les êtres humains responsables sont naturellement coupables et pécheurs. Romains 3.23 est une déclaration cruciale : « Car tous ont péché et sont privés de la gloire de Dieu. »

II. Salut (Romains 3.24—8.1). Paul esquisse la délivrance du péché pourvue en Christ, tant sa culpabilité que sa pratique, il résume son argument en disant que la punition que nous encourons à cause de nos péchés passés est annulée par la mort de Christ à notre place. « il n'y a donc maintenant aucune condamnation pour ceux qui sont en Jésus-Christ » (8.1).

III. Sanctification (Romains 8.2—12.2). Le pouvoir souverain et la décision souveraine de la divinité de pouvoir à la justification gratuitement poussent l'apôtre à exprimer la louange et la motivation de notre pleine consécration à Dieu. Romains 12.1-2 termine cette section importante de la lettre invitant tous les croyants à vivre selon « la volonté de Dieu, qui est ... parfaite » (12.2, *Synodale*). Nous appelons cette expérience entière sanctification.

IV. Service (Romains 12.3—16.27). Notre pleine consécration à vivre selon la parfaite volonté de Dieu pour nous se manifestera en des actes pratiques de justice dans le cœur, la vie, le foyer, la communauté, la nation et le monde (16.2b).

Le croyant a souvent tendance à se considérer comme vivant complètement hors du monde et de son organisation. L'Apôtre nous ramène à la réalité en nous parlant en Romains 13.1-7 des rapports avec les autorités établies. L'Apôtre suit en cela l'enseignement de Jésus selon lequel nous devons rendre à César ce qui est à César et à Dieu ce qui est à Dieu (Matthieu 22.21).

La connaissance théorique de certaines vérités nous pousse parfois à être intolérants et ultra dogmatiques, ou arrogants et indifférents aux besoins ou à l'opinion des autres, nous portant ainsi à être des pierres d'achoppement au lieu d'être des sources d'encouragement et de compassion. Le chapitre 13 de l'épître aux Romains traite de cette situation délicate et présente des préceptes de tolérance et de compréhension qui ont été trop souvent ignorés à travers l'histoire mouvementée de l'Église de Jésus-Christ.

Puisse cette étude de l'épître aux Romains raffermir notre foi dans les promesses excellentes et véritables du Dieu de notre salut, illuminer notre entendement au sujet des vérités qui constituent le fondement de notre foi et renouveler en nous un esprit bien disposé à vivre pour Dieu selon ses saints commandements et à partager, avec ceux qui ont faim et soif de vérité, de justice et d'amour, l'espérance que « nous possédons comme une ancre de l'âme, sûre et solide » (Hébreux 6.19).

—Roberto Manoly

UN GLOSSAIRE DE TERMES EMPLOYÉS
DANS L'ÉPÎTRE AUX ROMAINS

Paul était un communicateur de talent et utilisait une terminologie très variée. Une compréhension de quelques-uns des termes essentiels employés régulièrement accroîtra votre efficience dans l'étude de la Bible. Venez et joignez-vous à moi, afin que nous puissions élargir nos pensées autour de quelques-unes des idées majeures de Paul dans l'épître aux Romains !

A. Justice

Le concept de justice découle directement d'une profonde compréhension de l'Ancien Testament. Paul voit Dieu comme un Juge et un Législateur qui exige l'obéissance. L'homme juste ou intègre est celui qui se conforme aux demandes du Législateur. Cette conformité, cependant, n'est pas simplement légale, mais inclut une relation juste avec le Législateur.

Le texte favori de Paul dans l'Ancien testament est donc Habacuc 2.4b : « le juste vivra par sa foi. » L'homme juste est celui qui fait confiance fidèlement à un Dieu complètement digne de confiance.

La section clé de Romains 1.16-18 indique clairement que la justice de Dieu est le nerf central de l'Évangile. C'est la relation de soutien au croyant obéissant — l'opposé, c'est la colère de Dieu qui est également clairement révélée.

La justice que Dieu accorde est communiquée à la personne qui se confie en lui. C'est beaucoup plus qu'une simple conformité à une norme donnée.

B. Péché

Paul emploie une grande variété de mots pour le péché, s'efforçant de décrire le monstre tel qu'il est réellement, il utilise des termes tels que *impie* (c'est-à-dire anti Dieu), *méchanceté* (c'est-à-dire anti conformité), *manquer le but, transgresser* (c'est-à-dire violation délibérée d'une loi connue), *licence* (absence de loi), *offense* (violation individuelle) et *désobéissance*.

Remarquez que la série tout entière de ces termes souligne le refus délibéré de répondre avec obéissance aux exigences d'un Dieu saint. La racine du péché est trouvée dans une volonté pervertie et rebelle qui domine et contrôle un homme.

Aux chapitres 5 à 8, Paul décrit l'homme sous l'esclavage de la nature du péché, l'affection de la chair ou la pensée charnelle. Cette puissance hostile, étrangère et indépendante, emprisonne l'homme et le détruit. La nature essentielle du péché originel est décrite de manière vivide au Romains 8.7 comme la personne dont l'état d'esprit (l'orientation et la direction de tout son être) est clairement anti Dieu et refuse de se soumettre à Dieu. Seule la purification de cette rébellion perverse et caractérisée contre Dieu peut ouvrir la porte à la vie remplie de l'Esprit, ce qui est la vraie liberté en Dieu.

C. Grâce

Romains 3.24 contraste rapidement la condamnation que le péché mérite avec le don de la grâce de Dieu. L'expression familière « faveur imméritée » exprime correctement la signification primaire de la grâce, car le processus entier du salut découle de la miséricorde merveilleuse d'un Dieu saint et plein d'amour (Tite 2.11).

L'actualisation de la grâce est visible dans la Croix. La grâce n'est pas simplement un élément théorique dans la nature de Dieu, mais « l'amour de Dieu répandu » en abondance sur ceux qui ne le méritaient point (Romains 5.5).

En Romains 5.20-21, Paul décrit, en outre, la grâce comme la puissance opérant dans notre vie pour amener la victoire sur le péché. Le fait que c'est un don ne nous donne pas le droit d'en mésuser (Romains 6.1, 15) ni de nous glorifier dans les victoires que la grâce accorde, comme si nous les avion remportées par nous-mêmes (Éphésiens 2.8-9).

Paul comprit sa désignation comme apôtre comme une évidence de la grâce (1 Corinthiens 15.9-10). La désignation de croyants individuels à un service spécial est une forme du mot *grâce* translittéré en français comme *charismes* — dons de la grâce (Romains 12.6-8).

D. Justification

Le mot justification vient de la même racine de l'Ancien Testament que le mot justice. L'accent principal est placé ici, cependant, sur le processus par lequel la conformité aux exigences d'un Dieu saint est accompli. D'une certaine manière, les exigences du Souverain doivent être satisfaites afin qu'une relation soit rétablie entre les deux parties — l'homme pécheur et Dieu. La justification signifie donc que la partie coupable a été acquittée — reconnue non coupable — maintenant et en préparation pour le jugement final.

Le message de Romains c'est que l'Amour de Dieu manifesté dans la mort de Christ a payé la pénalité, payé le prix de l'expiation et fait la propitiation, de sorte que l'homme en Christ peut être officiellement déclaré juste (en conformité). La justification est l'exact opposé de la condamnation que le péché encourt.

Le passage classique de Romains 5.1 souligne les bénéfices de la justification acquise — la paix avec Dieu (rapport), accès (entrée et introduction dans la présence de Dieu) à la grâce dans laquelle nous tenons ferme, et espérance de participation dans la gloire future de Dieu.

À la métaphore essentiellement légale de la justification est étroitement liée le concept de la réconciliation. La pénalité a été payée entièrement à la Croix afin que l'homme soit complètement réconcilié avec Dieu. (Remarquez selon Romains 5.10 que Dieu est toujours celui qui fait les premiers pas dans la justification et la réconciliation.)

E. Sanctification

Les mots *saint* et *sanctification,* employés dans le Nouveau Testament, dérivent d'une famille de mots dans l'Ancien Testament. Le contenu primaire de ces termes désigne quelqu'un qui est complètement consacré au service de Dieu et qui est sanctifié par sa présence. Dans l'Ancien Testament, le terme s'emploie en parlant de personnes qui dérivent leur sainteté dans leurs rapports avec un Dieu saint.

Les apparences spécifiques de ces termes dans l'épître aux Romains reflètent cet arrière-plan. La sanctification est l'achèvement de cette œuvre commencée dans la justification. La personne est non seulement déclarée juste devant Dieu, mais elle est, en fait, rendue juste (amenée dans la conformité aux exigences de Dieu).

En Romains 6.19ss., la sanctification contraste entièrement avec le péché. L'ancienne manière de vivre était orientée vers le péché et elle conduisait à une impureté croissante. Mais la nouvelle vie en Christ demande une consécration totale et un service inconditionnel à la justice, en vue de la sanctification ou de la sainteté. C'est Une manière de vivre consacrée à plaire à Dieu.

La sanctification est donc non seulement de la pureté morale sanctifiée et purifiée par la présence de Dieu, mais elle est aussi une consécration sans réserve à Dieu ,— une dévotion complète. La sanctification commence dans la justification, appelée techniquement sanctification initiale, et s'achève dans le moment de l'expérience décisive de la consécration totale quand nos membres sont consacrés sans réserve au service total de Dieu — c'est l'entière sanctification.

F. Foi

En puissant contraste avec la justice obtenue par l'observance stricte de la loi (justice légale), Paul fait appel à la justice par la foi seule. Le mot *foi* sou sa forme substantive et verbale apparaît plus de 50 fois dans l'épître aux Romains.

Nous lisons en Habacuc 2.4b : « Mais le juste vivra par sa foi » (voir aussi Romains-1.17). Le grand exemple d'une telle confiance sans réserve en Dieu est le patriarche Abraham qui vivait avant la promulgation de la loi mosaïque et la Croix de Christ (Romains 4.16). Le croyant reçoit la justification par la foi et par la foi seule. La foi est l'union avec Christ par laquelle nous sommes ensevelis avec lui dans le baptême et ressuscités avec lui pour marcher en nouveauté de vie (Romains 8.11ss.). La foi, c'est la complète et totale dépendance sur Dieu pour le salut que lui seul peut accorder. La foi, c'est marcher selon la loi de l'Esprit de vie en Christ (Romains 8.2). La foi, c'est ne permettre à rien de nous séparer de l'amour de Dieu en Christ (Romains 8.31ss.).

L'opposé de la foi, ce n'est pas de l'indifférence, mais le refus de croire ou de faire confiance. L'opposé de la foi dans l'épître aux Romains, c'est la tâche désespérément frustrante de gagner par vous-même votre place devant Dieu, selon le chapitre sept de l'épître.

(Les termes définis ci-dessus l'ont été en détail à cause de leur importance. Le reste des termes discutés sera défini plus brièvement dans le contexte des définitions détaillées ci-dessus.)

G. Colère

La colère de Dieu dans l'épître aux Romains n'est pas une tentative mesquine, vindicative de représailles, par Dieu contre l'homme coupable. La colère de Dieu découle de son amour et elle est complètement juste. Lorsque l'homme rebelle rejette l'amour de Dieu, la pénalité est le « privilège » de recevoir les résultats destructeurs normaux d'une vie de péché. Dieu abandonne simplement les pécheurs à leurs impuretés. La colère n'est que la condamnation par les lois de Dieu en opération.

H. Loi

Paul emploie le mot *loi* de différentes manières dans des contextes différents. Il emploie fréquemment le terme loi en référence à la Loi mosaïque, comme, par exemple, en Romains 3.19. Parfois, il l'utilise pour parler de la loi en général — tout système de lois, quelle que soit sa source — comme, par exemple, en Romains 6.19. La loi est parfois employée pour signifier un principe régulateur, comme, par exemple, en Romains 7.23. La loi est une expression de la volonté permanente de Dieu qui ne peut être accomplie que par la personne remplie de l'Esprit et dynamisée par l'amour.

I. Chair

Paul emploie ce terme avec des significations différentes dans des contextes différents. Il se réfère parfois aux tissus du corps (Romains 2.28). Chair est parfois synonyme de corps (voir 1 Corinthiens 5.3 et Colossiens 2.5). Le mot chair est aussi employé pour parler de la source ou de l'origine de l'homme (Romains 9.3 et 1.3). De tels emplois se réfère au milieu humain intégral, et ils sont bien illustrés dans les contrastes de 2 Corinthiens 5.16.

L'autre emploi majeur est appelé communément l'usage éthique et se réfère à l'homme non régénéré qui se confie dans sa propre force pour obtenir le salut. Il est « l'homme charnel ». L'illustration la plus claire se trouve en Romains 8.8-9 où l'expression « selon la chair » est en complet contraste avec l'expression « selon l'Esprit ».

J. Souveraineté

Paul ne se pose pas de questions au sujet du contrôle final de Dieu sur toute la création, y compris le mal. Les implications de ce concept sont nombreuses et difficiles. Paul, lui-même, reconnaît cela en Romains 11.33-36. Lorsque nous parvenons au terme de notre compréhension, la puissance de Dieu continue son œuvre pour son honneur et pour sa gloire.

Le côté difficile de ce concept est présenté en Romains 9.18 — Dieu fait grâce à qui il veut et endurcit qui il veut. Afin de comprendre cette idée, il est vitalement important de se rappeler que les chapitres 9 à 11 de l'épître traite en premier lieu de l'élection et du salut d'une nation (Israël), et non du salut individuel. Paul a déjà montré d'une manière puissante, aux chapitres 1 à 8, que l'Esprit de Dieu libère une personne pour qu'elle puisse faire un choix essentiel entre servir le péché, ce qui conduit à la mort, ou servir Dieu, pour recevoir la vie comme un don. Maintenant, aux chapitres 9 à 11, l'apôtre défend la justice et l'intégrité de Dieu en référence à Israël dans la chair. Il montre que Dieu a transformé le rejet d'Israël en bénédiction pour les Gentils. Dieu a donc démontré une fois de plus l'assurance de son triomphe final.

C'est cette même souveraineté qui amène la mort de Jésus pour pourvoir à l'expiation en faveur de ceux qui ont la foi. C'est cette même souveraineté qui apporte l'assurance de l'Esprit et les promesses de la victoire finale (Romains 8.33ss.).

La souveraineté, l'élection et la prédestination ne constituent un problème que lorsque l'on regarde à un verset ou à un paragraphe isolément. L'épître aux Romains présente un tableau complet de l'opération de Dieu — avec l'homme à la pensée. Ce tableau nous laisse une impression d'équilibre, de perspective et d'assurance.

La *New English Bible* [la Nouvelle Bible Anglaise] a bien saisi ce tableau d'ensemble en traduisant Romains 11.36 comme suit : « Source, Guide et But de tout ce qui est — à lui soit la gloire pour toujours ! Amen. »

—Morris Weigelt

Cet article est tiré et traduit du magazine *Emphasis*. Morris Weigelt est professeur de Nouveau Testament au Séminaire Théologique Nazaréen à Kansas City, Missouri (EUA).

Leçon 1

INTRODUISANT L'ÉVANGILE CHRÉTIEN

PASSAGE BIBLIQUE SUR LA LEÇON
Romains 1.1-17

VERSETS À RETENIR

« Car je n'ai point honte de l'Évangile : c'est une puissance de Dieu
pour le salut de quiconque croit, du Juif premièrement, puis du Grec,
parce qu'en lui [l'Évangile] est révélée la Justice de Dieu par la foi et
pour la foi, selon qu'il est écrit : le juste vivra par la foi »
(Romains 1.16-17).

BUT DE LA LEÇON

Préparer l'étudiant pour l'étude de ce trimestre, créer en lui une forte
appréciation pour l'importance de l'Évangile et le porter à l'accepter de
tout cœur.

INTRODUCTION

Cette leçon est une introduction à toute l'épître aux Romains. Dans
les 17 premiers versets, Paul esquisse pour nous les grands thèmes de sa
lettre et de sa vie. À partir du verset 18, il entre de plain-pied dans son
exposé doctrinal du plan du salut. L'Évangile de notre Seigneur Jésus-
Christ se place au centre de ce plan et de cet exposé magistral. Revoir les
versets 16 et 17 du premier chapitre. Ce sont des versets à retenir et à
méditer.

Au moment où Paul écrivait ou dictait cette lettre, les Évangiles de
Matthieu, Marc, Luc et Jean n'étaient pas encore écrits dans la forme
où nous les connaissons aujourd'hui. Toutefois, les enseignements du
Maître étaient encore relativement frais dans l'esprit des disciples et des
nouveaux chrétiens, et Paul en avait pris bonne connaissance.

Paul était un homme très occupé, et il se servait souvent d'un secré-
taire qui écrivait ce qu'il disait à haute voix. Après l'avoir lu, l'apôtre
apposait sa signature au bas du document avant de l'envoyer. Parfois

l'apôtre écrivait lui-même la salutation finale avant de signer (voir 1 Corinthiens 16.21 ; Colossiens 4.18 ; 2 Thessaloniciens 3.17).

Dans le cas de l'épître aux Romains, Paul s'est servi d'un certain Tertius à qui il dictait ses paroles inspirées (Romains 16.22). La lettre est adressée à l'Église de Rome que Paul n'avait jamais visitée auparavant. Il était à l'époque à Corinthe. C'était aux environs de l'an 58.

Le développement de notre leçon s'esquisse de la manière suivante :

I.   L'Évangile est éternel — Romains 1.1-2

II. L'Évangile est centré en Christ — Romains 1.3-4

III. L'Évangile est un appel à la vie sainte — Romains 1.5-7

IV. L'Évangile est un appel à la communion —   Romains 1.8-13

V.   L'Évangile est un appel au service — Romains 1.14-15

VI. L'Évangile est un appel universel — Romains 1.16-17

I. L'ÉVANGILE EST ÉTERNEL
Romains 1.1-2

A. L'identification de Paul — Romains 1.1

Paul débute sa lettre en commençant par s'identifier. Ce n'était pas de la présomption, mais il suivait plutôt le style de l'époque (voir Actes 23.26). Il s'identifie non pas en donnant ses titres universitaires, mais en établissant sa relation avec Jésus-Christ dont il se déclare le serviteur.

Le mot grec *doulos* traduit par serviteur signifie aussi *esclave. Le doulos* n'était pas un simple serviteur à gages, mais un esclave lié à son maître. Le maître ou seigneur *(grec : kurios)* avait une autorité absolue sur l'esclave, mais lui permettait aussi de remplir des fonctions importantes dans sa maison. Ainsi Paul, en tant que serviteur ou esclave de Jésus-Christ, remplissait les fonctions d'apôtre, c'est-à-dire d'envoyé, de chargé de mission, d'ambassadeur. Notons aussi que Jésus-Christ a accepté d'être un *doulos* (Philippiens 2.7 ; Ésaïe 42.1). Il est le Serviteur par excellence.

B. Le caractère éternel de l'Évangile — Romains 1.2

Paul parle de l'Évangile «qui avait été promis auparavant de la part de Dieu par ses prophètes dans les Saintes Écritures» (1.2). Une telle affirmation montre qu'il existe une continuité dans le plan de Dieu, et que la proclamation des apôtres confirme celle des prophètes.

L'Évangile c'est la Bonne Nouvelle du salut annoncée par les prophètes, réalisée par Jésus-Christ et annoncée à nouveau à toutes les générations après Christ, par ses apôtres et leurs successeurs. Cette continuité, cette chaîne ininterrompue de témoins annonçant la Bonne Nouvelle, reflète le caractère éternel de l'Évangile (Apocalypse 14.6).

« Le message de Paul, nous dit John Nielson, est l'Évangile du Dieu éternel (Romains 1.1) révélé par l'intermédiaire des prophètes des centaines d'années auparavant, avant son accomplissement (Romains 1.2 ; voir Jean 17.24 ; 1 Pierre 1.20). C'est l'histoire du Fils unique de Dieu qui est passé de l'éternité dans le temps, pour proclamer et acquérir notre salut. »

Questions à discuter :

- *Pourquoi Paul se considère-t-il un serviteur-esclave au lieu d'un serviteur à gages ? Remarquez qu'Eliézer se trouvait dans la même situation par rapport à Abraham (Genèse 15.2 ; 24.2).*

- *Pourquoi était-il important pour Paul de souligner la nature éternelle de l'Évangile ?*

II. L'ÉVANGILE EST CENTRÉ EN CHRIST
Romains 1.3-4

A. Jésus est le Fils de Dieu — Romains 1.3-4

Jésus-Christ est « né de la postérité de David, selon la chair », mais « selon l'Esprit de sainteté » — l'Esprit de Dieu — il est « déclaré [non pas né, mais déclaré] Fils de Dieu ». Cette déclaration ou proclamation est de Dieu lui-même (Matthieu 3.17 ; Hébreux 1.2). Cette proclamation du Père atteste de manière définitive la divinité de Jésus-Christ.

B. Jésus-Christ est Dieu — Romains 1.4-5

Les Juif du temps de Jésus considéraient la prétention de Jésus d'être d'origine divine comme un blasphème. Pour eux, Jésus se faisait l'égal de Dieu quand il déclarait que lui et le Père étaient un (Jean 10.30, 33).

Les Juifs n'osant utiliser le nom de Dieu (*Yahweh* en hébreu, translittéré Yahvé en français) ; ils lui substituait le mot Adonnai (en grec : *Kurios*) qui signifie « Seigneur ». Or, Paul parte de « Jésus-Christ notre Seigneur » qui, avec le Père, accorde la paix et la grâce (Romains 1.5, 7). Jésus-Christ est donc Fils de Dieu et Dieu, lui-même.

C. L'Évangile c'est Jésus — Romains 1.1-3

L'Évangile de Dieu (v.1) concerne son Fils, Jésus-Christ (v.3), en ce sens que la Bonne Nouvelle c'est que Dieu a donné son Fils unique afin que quiconque croit en lui ait la vie éternelle (Jean 3.16). Jésus-Christ est donc la Bonne Nouvelle. Cette dualité est démontrée, en outre, par le fait que Jésus est aussi à la fois le sacrifice et le souverain sacrificateur (Hébreux 4.14 : Philippiens 2.8).

Question à discuter :

• *Quelle est l'importance de la divinité de Jésus dans la proclamation de l'Évangile ?*

III. L'ÉVANGILE EST UN APPEL À LA VIE SAINTE
Romains 1.5-7

Il y a un double appel aux versets 6 et 7. D'une part, nous sommes appelés par Jésus-Christ pour lui appartenir (v.6) ; d'autre part, nous sommes appelés à être saints (v.7). Cet appel à la sainteté est important !

L'apôtre a dit dans une autre de ses épîtres : « Ceux qui sont [appartiennent] à Jésus-Christ ont crucifié la chair avec ses passions et ses désirs » (Galates 5.24). L'apôtre Pierre corrobore cette déclaration en nous référant au commandement qui figure dans f Ancien Testament : « Mais, puisque celui qui vous a appelés est saint, vous aussi soyez saints dans toute votre conduite, selon qu'il est écrit : Vous serez saints, car je suis saint » (1 Pierre 1.15-16).

Le terme *saint* comporte l'idée de séparation et celle de pureté morale. Ceux qui aiment Dieu doivent marcher selon ses commandements (1 Jean 2.3-6). L'appel à la sainteté est aussi réelle que l'appel à devenir chrétien. Nous sommes appelés à former en Jésus-Christ « une race élue, un sacerdoce royal, une nation sainte » (1 Pierre 2.9).

Question à discuter :

• *Pourquoi l'Évangile ne peut-il être séparé de l'appel à la sainteté du cœur et de la vie ?*

IV. L'ÉVANGILE EST UN APPEL À LA COMMUNION
Romains 1.8-13

La communion fraternelle est une autre facette de l'Évangile que l'apôtre met en relief. Au verset 12, Paul mentionne « la foi qui nous est commune ». Notez que les chrétiens de Rome n'avaient jamais fait la connaissance de l'apôtre qui, toute de même, avait entendu parler de leur foi « renommée dans le monde entier » (1.8). En effet, vivre à l'ombre du palais de César et ne pas servir ses dieux demande une foi extraordinaire en un Dieu tout-puissant. La foi des chrétiens de Rome s'était affermie au milieu des épreuves et des persécutions.

C'est pourquoi Paul désire les visiter : (1) pour leur communiquer quelque don spirituel (v.11), et (2) pour communiquer avec eux dans une même foi (v.12), c'est-à-dire dans l'espérance du salut et de la liberté en Jésus-Christ. Le verset 13 montre qu'il tient beaucoup à cette visite. Les premiers chrétiens, le jour de la Pentecôte, pratiquaient la communion fraternelle. Le terme traduit par communion *(koinonia)* signifie aussi : communication, distribution, partage.

La vie chrétienne ne doit pas être vécue dans l'isolement, comme si nous étions des ermites, mais dans la communion des uns avec les autres, manifestée dans le support et l'encouragement mutuel, et la communication et le partage des vérités révélées.

Question à discuter :

• *Pourquoi n'est-il pas bon pour le chrétien de vivre dans l'isolement ?*

V. L'ÉVANGILE EST UN APPEL AU SERVICE
Romains 1.14-15

A. L'appel de Paul au service

Au verset 1, Paul se déclare « serviteur de Jésus-Christ » et ajoute qu'il est « appelé à être apôtre ». Bien que tous ne soient pas appelés à être apôtre, Paul fait comprendre que tous sont appelés à servir (Romains 12.1-2). Être apôtre, c'est un privilège mais aussi une lourde responsabilité. La plupart des apôtres ont été des pionniers de l'évangélisation. Pierre et Paul en ont été les deux exemples les plus proéminents.

B. L'obligation de l'apôtre

« Je me dois aux Grecs et aux barbares, aux savants et aux ignorants » dit Paul (1.14). Il sent qu'il est dans l'obligation de partager avec les gens de toute race, de toute culture, de toute éducation et de toute condition sociale.

C. Son « vif désir » de servir

L'obligation de servir pourrait indiquer que l'apôtre est forcé de prêcher l'Évangile. Il clarifie la situation au verset 15 en montrant que cette obligation n'est pas forcée, mais marquée plutôt par un enthousiasme de communiquer la Bonne Nouvelle que lui-même a reçu par la grâce de Dieu sur le chemin de Damas.

C'est pourquoi il manifeste un « vif désir » d'aller jusqu'à Rome, la capitale de l'empire païen pour annoncer l'Évangile aux inconvertis et raffermir la foi des croyants.

Question à discuter :

- *Qu'est-ce qui motivait l'action missionnaire de Paul ? Qu'est-ce qui devrait motiver la nôtre ?*

VI. L'ÉVANGILE EST UN APPEL UNIVERSEL
Romains 1.16-17

A. L'apôtre n'a pas honte de l'Évangile — Romains 1.16a

Pourquoi en aurait-il honte ? il en est plutôt fier. Jésus n'a-t-il pas dit qu'il ne faut pas mettre la lampe sous la table mais dans un endroit élevé, pour qu'elle puisse éclairer ? (Matthieu 5.15). Et c'est bien là la fonction de l'Évangile. Pierre, du reste, souligne que nous devons porter le nom de chrétien comme une insigne de joie à la gloire de Dieu (1 Pierre 4.16). Et Jacques, de son côté, pense que c'est là un beau nom (Jacques 2.7). Dans cette perspective, Paul déclare qu'il n'en a point honte, c'est-à-dire qu'il en est fier et qu'il est tout aussi fier, en tant que chrétien, de prêcher l'Évangile.

B. L'Évangile est une puissance — Romains 1.16b

Le mot traduit par puissance est *dunamis* duquel dérive les mots *dynamite* et *dynamo*. Alors que la dynamite fait exploser et réduit en miettes, la dynamo peut produire assez d'énergie électrique pour faire fonctionner les appareils industriels et ménagers.

L'Évangile remplit cette double fonction de dynamite et de dynamo. Il fait exploser nos craintes et nos peurs, et il réduit en miettes nos iniquités. Il produit aussi en nous assez d'énergie pour que nous puissions servir Dieu « sans crainte, en marchant devant lui dans la sainteté et dans la justice tous les jours de notre vie » (Luc 1.74-75).

C. L'Évangile est offert à tous — Romains 1.16-17

Paul termine sa magnifique introduction en déclarant que l'Évangile, la puissance de Dieu qui peut sauver, est offert à tous. Il est bon de considérer à ce point la similitude d'expression entre l'Évangile de Jean et l'épître aux Romains. « Quiconque croit » est une expression employée tant par Jean que par Paul en relation avec le salut (Jean 3.16 ; Romains 1.16).

Le mot *quiconque* atteste tant de l'universalité que de l'individualité du salut. C'est comme un chèque payable au porteur. La nationalité, la race, la classe, l'éducation n'ont rien à voir avec le salut. L'élément essentiel, c'est la foi. Cela ne veut pas dire que tous seront sauvés, mais plutôt que tous ont la possibilité d'être sauvés. Chacun est appelé à faire un choix.

D. L'Importance de la foi — Romains 1.16-17

Paul parle de l'universalité de l'offre du salut en employant deux termes : Juif et Grec. Les Juifs représentaient le peuple choisi par Dieu pour porter son nom et pour préparer la venue du Messie : les Grecs représentaient les autres nations païennes qui en dépit de leur culture et de leur civilisation ne connaissaient pas le vrai Dieu. C'est en ce sens — Jésus devait naître parmi les Juifs — qu'il faut comprendre le verset : « le salut vient des Juifs » (Jean 4.22).

Le salut a été offert d'abord aux Juifs qui l'ont rejeté, puis il a été offert aux Grecs, aux païens ou aux Gentils (Actes 28.28). Le salut ne vient pas d'une race, mais réside en une personne, Jésus-Christ (Actes 4.12. Voir la définition de la foi en Hébreux 11.1, et retenez les termes *assurance* et *démonstration.)* La foi n'est pas du domaine exclusif du Nouveau Testament, car le mot était employé par le prophète Habacuc, et l'épître aux Hébreux (chapitre 11) nous apprend qu'Abraham vivait par la foi.

Paul mentionne la justice de Dieu en relation avec la foi pour renforcer l'idée de l'universalité de l'offre du salut. Dieu peut sauver souverainement quiconque croit en Jésus-Christ pour le pardon de ses péchés. « Étant donc *justifiés par la foi,* nous avons la paix avec Dieu, par notre Seigneur Jésus-Christ » (Romains 5.1). Amen ! Alléluia !

Question à discuter :

* *Quels sont ceux qui ne seront pas sauvés ?*

Leçon 2

LA CONDITION PÉCHERESSE DE L'HOMME

PASSAGE BIBLIQUE SUR LA LEÇON
Romains 1.18-32

VERSET À RETENIR
« Car tous ont péché et sont privés de la gloire de Dieu »
(Romains 3.23).

BUT DE LA LEÇON
Décrire et sentir les profondeurs de la culpabilité de l'homme et
chercher à créer un sens de tristesse à cause du péché.

INTRODUCTION
Il est tout à fait naturel pour Paul de débuter son exposé de la doctrine du salut en s'attaquant, tout d'abord, au problème du péché. Le
problème numéro un de l'humanité est bien celui du péché.

Qu'est-ce que le péché ? L'apôtre Jean déclare simplement : « Quiconque pèche transgresse la loi, et le péché est la transgression de la loi »
(1 Jean 3.4). La loi de Dieu apparaît tout d'abord au jardin d'Éden et
elle était à la fois une permission et une interdiction assortie d'une conséquence. « Tu pourras manger de tous les arbres du jardin » — c'est la
permission ; « mais tu ne mangeras pas de l'arbre de la connaissance du
bien et du mal » — c'est l'interdiction, « car le jour où tu en mangeras,
tu mourras » — c'est la conséquence (Genèse 2.16-17).

Le reste de l'histoire est bien connu. Adam et Ève ont mangé du
fruit défendu — dont la nature n'est pas révélée — et la sentence de
mort a été prononcée par Dieu (Genèse 3.19). Depuis lors, la mort est
devenue une partie de la trame de l'existence humaine.

Paul reprend le problème à sa source, montre les effets terribles et
horribles de la désobéissance qui est l'héritage de tout homme venant
dans le monde. Il est bon pour nous de nous rappeler d'où nous avons
été tiré, afin de mieux apprécier la grâce dans laquelle nous tenons
ferme.

Le développement de la leçon suit l'esquisse suivante :

I. Le péché mérite la colère de Dieu — Romains 1.18

II. Le péché c'est un manque d'égard pour ce que nous savons — Romains 1.19-21, 32

III. Le péché est le grand substitut — Romains 1.22-27

IV. Le péché est sa propre punition — Romains 1.28-31

I. LE PÉCHÉ MÉRITE LA COLÈRE DE DIEU
Romains 1.18

Le péché, étant une désobéissance, provoque la colère divine. Le verset 18 place la colère divine dans le contexte de l'impiété et de l'injustice « des hommes qui retiennent injustement la vérité captive ».

A. La colère de l'homme

Nous exprimons notre colère bien souvent dans un esprit de revanche, sans penser aux conséquences de nos réactions à l'égard des actes que les autres posent contre nous. Nous cherchons souvent, dans la colère à satisfaire notre propre idée de justice, mais nous devons nous rappeler que « la colère de l'homme n'accomplit pas la justice de Dieu » (Jacques 1.20).

B. La colère de Dieu

La colère divine est sainte. Elle résulte de l'outrage fait à sa sainteté et à sa justice. Nous provoquons la colère divine par notre impiété.

La première manifestation de la colère divine rapportée dans la Bible concerne, sans doute, le déluge au temps de Noé. À cette époque, Dieu vit « que la méchanceté des hommes était grande sur la terre, et que toutes les pensées de leur cœur se portait chaque jour uniquement vers le mal » (Genèse 6.5).

Mais la Bible nous apprend aussi que Dieu est lent à la colère (Néhémie 9.17). L'apôtre Pierre nous apprend que, même aux jours de Noé, la patience de Dieu se prolongeait (1 Pierre 3.20). Car nous devons comprendre que Dieu n'est pas un maître sévère, à la mine sombre, qui punit inexorablement les moindres déviations. Si c'était le cas, la terre serait longtemps déjà vide de tout être humain. Non, Dieu est patient et veut notre bonheur. Il ne tient pas à ce qu'aucun périsse, mais que tous parviennent au salut (2 Pierre 3.9). Il ne nous destine pas à la colère, mais à l'acquisition du salut (1 Thessaloniciens 5.9).

Mais l'accumulation des iniquités et des méchancetés provoque sa colère qui finit par atteindre les rebelles (1 Thessaloniciens 2.16). Et tout cela à cause de la désobéissance initiale qui s'est développée comme un cancer à travers toute la race humaine (Romains 3.23).

Questions à discuter :

- *Quelle est la différence essentielle entre la colère de Dieu et la colère de l'homme ?*
- *Quel est le rôle de la patience divine dans le plan du salut ?*

II. LE PÉCHÉ C'EST UN MANQUE D'ÉGARD POUR CE QUE NOUS SAVONS

Romains 1.19-21,32

Paul, bien sûr, nous donne aux versets 29 à 31 toute une liste d'actions coupables, mais il est, en fait, beaucoup plus intéressé à la nature du péché (singulier) qu'aux actes de péché — aux péchés (pluriel).

A. Le péché : connaître ce qui est mal et l'accomplir malgré tout

Aux versets 19 et 20, Paul montre que la justice et la sainteté de Dieu, ainsi que ses lois sont rendues évidentes à travers ses œuvres, de sorte que l'homme ne peut s'excuser d'être ignorant en ce qui concerne les exigences divines. Ces exigences sont clairement présentées dans les dix commandements et concernent les « sauvages » comme les « civilisés », les gens analphabètes comme les gens éduqués.

Le psalmiste déclare que les cieux et la terre racontent la gloire de Dieu et manifestent son action créatrice. Nous vivons et survivons au milieu de la création divine.

Mais le verset 32 s'adresse directement à ceux qui — en dehors des évidences de la nature — ont eu connaissance de la Parole écrite de Dieu, décident de vivre au mépris des lois divines. Il s'agit là d'une désobéissance volontaire qui ravale l'homme au-dessous de la bête qui n'agit que par instinct, selon les impulsions de son être. Ce mépris de la loi divine constitue l'essence du péché (Jacques 4.17).

Rappelons-nous qu'Adam et Ève savaient que désobéir étaient contraire à la volonté de Dieu. Ils désobéirent après avoir reçu la fausse information qu'il y avait une connaissance supérieure à la connaissance de la volonté de Dieu (Genèse 3.5).

B. Le péché : prendre plaisir dans la désobéissance d'autrui

Le psalmiste nous met en garde contre ceux qui marchent dans la compagnie des moqueurs (Psaume 1.1). L'apôtre fait écho aux mots du psalmiste quand il indique à la fin du verset 32, de Romains chapitre 1, que ceux qui méprisent la loi de Dieu, se réjouissent des actions malhonnêtes des autres. Si les gens de bien se réjouissent des actions honnêtes, les gens qui commettent le mal tendent naturellement à approuver ceux qui agissent comme eux.

Prenons donc garde, dans nos divertissements, à ne pas approuver des actions qui sont des infractions aux commandements divins. « les mauvaises compagnies corrompent les bonnes mœurs » (1 Corinthiens 15.33). Il ne faut pas se leurrer sur ce point.

Question à discuter :

• *Qu'est-ce qui constitue la racine du péché ?*

III. LE PÉCHÉ EST LE GRAND SUBSTITUT
Romains 1.22-27

A. La folie au lieu de la sagesse — Romains 1.22

« La crainte de l'Éternel est le commencement de la science » (Proverbes 1.7). Le mot science est ici synonyme de connaissance. Adam et Ève apprirent à leurs dépens que se détourner de la voie tracée par Dieu, c'est faire acte de folie. Car « le commencement de la sagesse, c'est la crainte de l'Éternel » (Proverbes 9.10).

B. Les images au lieu de la gloire de Dieu — Romains 1.23

Dieu interdit expressément le culte des idoles, la confection et l'adoration d'images taillées. Dans les temples égyptiens, assyriens, babyloniens, etc., la divinité était représentée par des statues de pierre ou de bois, ayant la forme d'animaux divers. Nous pouvons ne pas avoir des objets devant qui nous nous prosternons littéralement, mais tout ce qui prend la place de Dieu dans notre vie, que ce soit une personne ou une chose, est notre idole, et cela constitue une dérogation au commandement.

C. Les mensonges au lieu de la vérité — Romains 1.25

Satan est le père du mensonge (Jean 8.44). Il avait promis de rendre Adam et Ève comme Dieu. Leurs yeux s'ouvrirent, bien sûr, mais ce ne fut que pour constater leur nudité. La vérité de Dieu les protégeait de la honte et de la peur, mais ils ne le savaient pas. Depuis lors, nous avons tendance à préférer le mensonge au goût de miel à la vérité qui comme l'eau fraîche désaltère, mais n'a pas de saveur.

D. Relations contre nature au lieu de relations naturelles — Romains 1.26-27

Il y a ce qu'on appelle les péchés de la chair. L'adultère, par un exemple, est un péché de la chair commis selon l'usage naturel. Mais l'homosexualité est une abomination en ce qu'elle implique un renversement de l'ordre naturel des choses.

Le péché original a porté l'homme à dévier de l'usage naturel pour se complaire dans l'usage contre nature. Dans les temps anciens, Sodome et Gomorrhe étaient des villes où les vices contre nature étaient de règle (Genèse 19.4-5). Le terrible châtiment subi par ces deux villes est un avertissement très sérieux à ceux qui se livrent à de telles pratiques (2 Pierre 2.6 ; Jude 7).

L'expression « salaire que méritait leur égarement » (Romains 1.27) peut être mieux compris aujourd'hui en raison des maladies presque incurables contactées par ceux et celles qui s'adonnent à de telles pratiques.

IV. LE PÉCHÉ EST SA PROPRE PUNITION
Romains 1.28-31

Aux versets 24, 26 et 28, Paul emploie trois fois une expression similaire : « Dieu les a livrés ». Cette expression signifie que Dieu qui aime le pécheur, mais hait l'iniquité, abandonnent à leurs désirs infâmes ceux qui refusent d'écouter son appel à la repentance. Comme l'a dit Augustin : « Celui qui vous a créé sans vous ne vous sauvera pas sans vous. » Le choix est nôtre : la vie ou la mort, la félicité ou la damnation (voir Deutéronome 30.15-19).

Dieu ne nous force pas à faire le mal, mais si nous persistons à commettre de mauvaises actions, il finira par nous abandonner aux penchants de notre cœur. C'est une chose tragique que d'être abandonné par Dieu ! S'il nous abandonne, qui nous viendra en aide dans l'adversité ? Être abandonné par Dieu est la plus grande pénalité du péché. Récolter le fruit de ses iniquités sans espoir de salut est une perspective à la fois tragique et terrible ! Hélas, c'est la situation dans laquelle se mette beaucoup d'êtres humains.

Mais il y a quelque chose qui s'appelle *repentance*. Elle consiste à reconnaître tout d'abord son état de désobéissance devant Dieu, et à se détourner ensuite du péché pour marcher dans la voie droite. L'appel de Dieu est : « Aujourd'hui, si vous entendez sa voix, n'endurcissez pas vos cœurs » (Hébreux 3.15).

Question à discuter :

- *En quoi consiste le péché d'endurcissement ?*
- *Quelles sont les deux étapes de la repentance ?*

CONCLUSION

« Le péché est un miroir dans lequel nous contemplons nos visages », écrit John Nielson. Chacun de nous, à un moment où à un autre, s'est rendu coupable de l'un des péchés mentionnés par Paul. Car comme le dit notre verset à retenir, nous avons tous péché, et la gloire de Dieu s'est éloignée de nous. Mais, nous pouvons réclamer sa grâce et échapper à la colère à venir.

Leçon 3

L'IMPARTIALITÉ DU JUGEMENT DE DIEU

PASSAGE BIBLIQUE SUR LA LEÇON
Romains 2.1-24

VERSET À RETENIR
« Car devant Dieu il n'y a point d'acception de personnes »
(Romains 2.11).

BUT DE LA LEÇON
Aider ceux qui ont péché à accepter leurs culpabilités, accepter le jugement de Dieu et être confiant dans l'impartialité de Dieu.

INTRODUCTION
Paul nous conduit pas à pas dans sa présentation du pian du salut. Après avoir brossé un tableau en larges fresques du péché, il s'efforce de nous présenter la nature du jugement de Dieu contre le péché.

Mais Paul va plus loin, en nous montrant aussi la miséricorde divine sans laquelle le cas de l'homme serait irrémédiablement perdu.

Les juges humains appliquent parfois une peine moins sévère aux coupables en raison de circonstances atténuantes. La seule circonstance atténuante qui compterait devant Dieu serait l'héritage d'Adam qui fait que tous les hommes sont nés avec une tendance à pécher. Le milieu familial, l'environnement dans lequel nous grandissons, tout cela peut avoir une influence positive ou négative sur notre comportement (Proverbes 22.6). Mais en dernière analyse, chaque être humain est appelé à faire face personnellement aux conséquences de ses actes de désobéissance aux commandements de Dieu.

Notre leçon s'esquisse comme suit :

I.   Dieu est qualifié pour juger — Romains 2.1-3, 17-24

II. Le jugement de Dieu tempéré par sa miséricorde — Romains 2.4-5

III. Un jugement juste — Romains 2.5-16

I. DIEU EST QUALIFIÉ POUR JUGER

Romains 2.14,17-24

A. La faillibilité des juges humains

Les juges humains rendent des jugements en fonction des lois qu'ils sont tenus d'appliquer, ils condamnent ou acquittent selon l'interprétation qu'ils donnent aux cas qu'on leur soumet et aux lois régissant telles ou telles infractions.

Les juges, étant eux-mêmes humains, sont faillibles. Ils ne jugent qu'en fonction des faits qui leur sont présentés. Bien souvent un innocent se trouve condamné parce que les preuves semblent l'accabler. Par ailleurs, les juges sont parfois coupables eux-mêmes de certains délits et sont soumis aux jugements d'autres juges.

B. Dieu, le seul juge infaillible

Il n'en est pas de même de Dieu. Il n'y a en lui ni mensonge ni fausseté (Hébreux 6.18). Il n'y a chez lui aucun parti pris (Romains 2.11). Rien n'est caché à ses yeux, de sorte qu'il rend un jugement sans faille et sans bavure (Ecclésiastes 12.16 ; 1 Corinthiens 4.4- 5 ; Hébreux 4.13). Son jugement est selon la vérité (Romains 2.2).

C. Ne pas juger, afin de ne pas être jugé

Les versets 1 à 16 du chapitre 2 de l'épître aux Romains concernent les païens, les versets 17 à 24 concernent les Juifs. Le point central est la question du jugement d'autrui.

Pour comprendre cette interdiction de juger, il faut la placer dans le contexte des paroles de Jésus consignées en Matthieu 7.1-5. Il s'agit de l'interdiction de porter un jugement individuel sur autrui, alors que l'on est soi-même passible de jugement pour ses propres désobéissances (Jacques 2.10-11). Jésus fait comprendre qu'il est infiniment plus important de chercher à enlever la grosse poutre dans notre propre œil qui nous empêche de voir nos péchés, au lieu de poindre l'index contre la paille dans l'œil de notre prochain.

Nous devons admettre que chacun de nous s'est rendu coupable à un moment ou à un autre d'une telle action.

Mais, de même que les juges de nos systèmes judiciaires sont légalement nommés pour exercer leurs fonctions, de même dans l'Église ceux qui sont chargés de maintenir l'ordre et de veiller à l'observance des règlements peuvent prendre des décisions disciplinaires à l'égard d'un frère ou d'une sœur dont la conduite est répréhensible et qui refuse de se repentir. Jésus lui-même a établi le processus général de discipline (Matthieu 18.15-18). Le but de la discipline n'est pas de faire souffrir et d'humilier, mais de réformer et de rétablir.

Question à discuter :

- *Pourquoi Dieu est-il le seul à pouvoir juger impartialement et équitablement ?*

II. LE JUGEMENT DE DIEU TEMPÉRÉ PAR SA MISÉRICORDE
Romains 2.4-5

Dieu ne s'attend pas à ce que nous commettions des fautes afin qu'il puisse nous juger et nous punir. Au contraire, Dieu se montre patient et miséricordieux envers nous. S'il appliquait sa justice et ses jugements d'une manière stricte, personne ne serait sauvé devant sa face. Paul exprime au verset quatre la miséricorde divine. Après avoir demandé à celui qui juge les autres avant de juger soi-même, s'il croit pouvoir échapper au jugement de Dieu, Paul ajoute : « Ou méprises-tu les richesses de sa bonté, de sa patience et de sa longanimité, ne reconnaissant, pas que la bonté de Dieu te pousse à la repentance ? » (Romains 2.4). Dieu ne cherche point à faire périr, mais désire plutôt notre repentance, afin que nous ayons la vie. Pierre exprime cette attitude divine de la manière suivante : « le Seigneur … use de patience envers vous, ne voulant pas qu'aucun périsse, mais que tous arrivent à la repentance » (2 Pierre 3.9).

A. La miséricorde de Dieu prévient son jugement

Dieu est absolument opposé au péché et l'abhorre, mais il aime le pécheur et veut le sauver du péché. C'est pourquoi aux jours de Noé, il prolongeait sa patience (1 Pierre 3.20). Sa tolérance et sa patience nous permettent de nous détourner du péché et de recevoir la grâce que Dieu offre. Le pécheur doit donc profiter de la patience divine et ne pas en abuser. Car « il est réservé aux hommes de mourir une seule fois, après quoi vient le jugement » (Hébreux 9.27).

B. Le jugement de Dieu a un but miséricordieux

Dieu châtie ceux qu'il aime (Proverbes 3.12 ; Hébreux 12.6) et il aime toutes ses créatures. Il s'attend à ce que l'homme change de conduite et vive. L'endurcissement n'est pas une bonne attitude, car il nous porte à résister aux appels de la grâce.

La colère et le jugement de Dieu sont une réalité, mais ils s'exercent sur l'état de rébellion plutôt que sur le rebelle ; mais si le rebelle persiste dans son état de rébellion, alors il s'expose aux effets de la colère et du jugement de Dieu.

Celui qui veut obéir à Dieu voit le caractère miséricordieux du jugement de Dieu et cela le pousse à reconnaître son état de péché et à se repentir, bénéficiant ainsi de la clémence, de la grâce et de la miséricorde divine. Mais celui qui veut persister dans son iniquité voit un côté vengeur et vindicateur dans la colère de Dieu. Il amasse ainsi, dit Paul, « un trésor de colère pour le jour de la colère et de la manifestation du juste jugement de Dieu » (Romains 2.5).

Questions à discuter :

* *Pourquoi Dieu se montre-t-il patient envers nous ?*
* *Quelle doit être notre attitude chrétienne à l'égard des autres quand ils nous offensent ? (voir Jacques 2.13)*

III. UN JUGEMENT JUSTE
Romains 2.5-16

Parce que la colère de Dieu est quelque chose de terrible, il ne l'exerce pas à la légère, comme un homme qui s'échauffe facilement.

A. À chacun selon ses actions — Romains 2.5-6

Le verset six est une citation du Psaume 62.13, aussi bien qu'une paraphrase d'Ézéchiel chapitre 18. Dieu nous jugera selon nos propres actions. Il ne tiendra pas le père responsable des péchés du fils et vice versa. Cela signifie que nous n'avons pas besoin de craindre la punition à cause des péchés d'autrui ni rendre les autres responsables de nos mauvaises actions. Dieu agit avec équité.

B. Bénédiction et malédiction — Romains 2.7-10

Le jugement de Dieu est juste en ce qu'il implique de la récompense aussi bien que de la punition. Bien souvent nous ne soulignons que l'aspect de punition et négligeons l'aspect de récompense. Il y a des jugements de condamnation et des jugements d'acquittement.

Mais nous sommes trouvés justes non par nos propres vertus, mais par la grâce de Dieu offerte gratuitement et que nous pouvons accepter ou rejeter librement. Le choix est nôtre.

Dieu réserve de l'irritation et de la colère, de la tribulation et de l'angoisse pour ceux qui sont rebelles et qui pratiquent l'injustice (Romains 2.8-9).

Mais Dieu réserve aussi la gloire, l'honneur, la paix et enfin la vie éternelle pour quiconque fait le bien — sans distinction de race, de couleur, d'éducation (Romains 2.10 et 7). « Le fruit de la justice est semé dans la paix par ceux qui recherchent la paix (Jacques 3.18).

C. Chacun est jugé selon la lumière qu'il possède — Romains 2.12-15

Dieu s'adresse à chaque homme en tenant compte de la lumière qu'il a reçu. Dans la parabole des talents, celui qui n'a pas fait fructifier son talent, accuse son maître de vouloir récolter là où il n'a pas semé (Matthieu 25.24). Personne ne peut accuser Dieu justement de demander des comptes sur des sujets qui nous sont étrangers. Chacun sera jugé sur les choses qui se sont révélées à sa conscience et à propos desquelles il doit faire un choix.

Les païens bien que ne connaissant pas les commandements de Dieu au même point que ceux qui les ont reçus dès le jeune âge, montrent par les bons actes qu'ils posent, qu'ils ne vivent pas complètement en dehors de toute règle de conduite (Romains 2.14). Et quand leurs parents ou amis, qui ne font pas profession de vivre selon les commandements divins réprouvent certains de leurs actes, ils prouvent par là qu'ils obéissent à une certaine norme de conduite qui constitue la règle selon laquelle ils seront jugés (Romains 2.15).

Mais, il sera beaucoup demandé à ceux à qui on a beaucoup donné. Et ceux qui connaissent la loi de Dieu sont sans excuse s'ils ne vivent pas selon ses exigences, car cette loi sera la norme par laquelle ils seront jugés.

D. Jugement du cœur — Romains 2.16

L'homme regarde à ce qui attire les regards, mais Dieu regarde au cœur (1 Samuel 16.7).

Sa Parole n'est-elle pas plus tranchante qu'une épée à deux tranchants, pouvant partager âme et esprit, jointures et moelles ? Ne juge-t-elle pas les sentiments et les pensées du cœur ? (Hébreux 4.12).

Les Juifs du temps de Paul croyaient que leur salut résidait dans le fait par eux d'être Juifs. Ils croyaient, par exemple, que la circoncision était une marque de ce salut. C'était là un salut à caractère collectif et non personnel, basé sur un cérémonial et non sur la morale.

Le vrai Juif, dit Paul, « c'est celui qui l'est intérieurement » et la vraie circoncision, « c'est celle du cœur, selon l'esprit et non selon la lettre » (Romains 2.29).

E. Pas de favoritisme — Romains 2.11

Notre verset à retenir dit simplement : « Car devant Dieu il n'y a point d'acception de personnes » (Romains 2.11). En général, c'est tout le contraire de notre attitude les uns à l'égard des autres. voir la description saisissante que nous présente l'apôtre Jacques (Jacques 2.1-9).

Le titre de ce texte de Jacques dans certaines versions est : *L'acception de personnes condamnée.* En effet « si vous faites acception de personnes », nous dit Jacques, « vous commettez un péché » (Jacques 2.9). Puisque nous sommes appelés à être parfaits dans l'amour comme notre Père céleste est parfait (Matthieu 5.48 ; 1 Jean 4.12), nous devons nous efforcer d'être impartiaux à l'égard des autres.

Question à discuter :

- *Quelle est la différence essentielle entre la manière dont Dieu juge les hommes et la manière dont nous le faisons quotidiennement ?*

Leçon 4

LA JUSTIFICATION DES PÉCHEURS

PASSAGE BIBLIQUE SUR LA LEÇON
Romains 3.19-31

VERSET À RETENIR
« Car nous pensons que l'homme est justifié par la foi, sans les œuvres de la loi » (Romains 3.28).

BUT DE LA LEÇON
Montrer que la foi en Christ est le moyen de notre justification, motivant ainsi les pécheurs à être sauvés et porter le croyant à la gratitude.

INTRODUCTION
Dans les leçons précédentes le thème de l'universalité du péché a été considérée en détail. Paul nous a fait aussi comprendre que Dieu s'intéresse au salut des hommes. Il veut que l'harmonie brisée par le péché soit rétablie, et il nous en donne les moyens. Au chapitre trois, Paul utilise un mot important : *justifié*. Être justifié, c'est être rendu juste. C'est l'œuvre de Dieu. Tous les hommes, ayant hérité de la culpabilité d'Adam et Ève, sont privés de la gloire de Dieu. Dans son grand amour, Dieu leur offre le pardon et se propose de rétablir l'harmonie par Jésus-Christ, le seul médiateur entre Dieu et les hommes (1 Timothée 2.5).

Le Dr H. Orton Wiley, théologien nazaréen, définit la justification comme « cet acte judiciaire ou déclaratif de Dieu par lequel il déclare ceux qui acceptent par la foi l'offrande propitiatoire de Christ absous de leurs péchés, délivrés de leurs pénalités et acceptés comme justes devant lui ». Cette définition distingue les divers aspects de notre salut par Christ : réconciliation, justification, adoption, régénération, pardon.

L'esquisse de la leçon est la suivante :

I.   Le rôle de la Loi — Romains 3.19-23

II. Le rôle de Christ — Romains 3.24-26

III. Le rôle de la foi — Romains 3.27-31

31

I. LE RÔLE DE LA LOI

Romains 3.19-23

La Loi dont parle Paul dans ce passage, c'est la Loi donnée aux Israélites par Moïse — les Dix Commandements et les divers préceptes que les Israélites étaient tenus d'observer. L'observance stricte de la Loi était toutefois chose pratiquement impossible en raison de la nature pécheresse de l'homme. Chacun se rendait coupable d'une infraction ou d'une autre (Jacques 2.10).

Nous avons vu aussi que les païens ont la loi de leur conscience. Si personne ne peut satisfaire parfaitement aux exigences des commandements, quelle est alors la fonction de la Loi. ?

A. La valeur de la Loi

1. *La Loi nous rend conscient de notre culpabilité, de ses conséquences et de notre besoin de pardon.* « C'est par la loi que vient la connaissance du péché » (Romains 3.20b).

On peut être malade sans le savoir. Mais lorsqu'on ressent une douleur quelconque, on commence à se sentir mal à l'aise. À mesure que la douleur augmente, l'on devient de plus en plus conscient de sa situation et de la nécessité de consulter un médecin afin de trouver un remède au problème. La douleur est donc un symptôme de la maladie.

De même, la culpabilité que nous ressentons est un symptôme de notre vie pécheresse qui indique une séparation entre Dieu et nous. Cette conscience de notre séparation devrait nous porter à rechercher la guérison et la justification que le sacrifice de Jésus-Christ procure.

2. *La Loi établit la responsabilité de chaque individu.* Le verset 19 indique que tout homme est coupable devant Dieu, en raison des violations de la Loi. Cette Loi non seulement nous rend conscients de notre culpabilité, mais nous confronte avec notre responsabilité. « Or nous savons que tout ce que dit la loi, elle le dit à ceux qui sont sous la loi afin que toute bouche soit fermée, et que tout le monde soit reconnu coupable devant Dieu » (Romains 3.19).

B. La Loi ne justifie pas

Les Juifs croyaient que l'observance stricte des préceptes de la Loi pouvait les justifier. Mais nous avons vu plus haut que personne ne pouvait satisfaire complètement à toutes les exigences de la Loi. C'est pourquoi Paul déclare : « Car nul ne sera justifié devant lui [Dieu] par les œuvres de la loi » (Romains 3.20a).

Cela ne veut pas dire qu'il y a quelque chose de mauvais dans la Loi. « La loi donc, nous dit Paul, est sainte, et le commandement est saint, juste et bon » (Romains 7.12). Mais, en dépit de sa perfection, la Loi ne peut pas justifier, parce que personne ne peut réclamer la justification par les œuvres de la Loi.

Les pharisiens, par exemple, qui s'enorgueillissaient d'être les descendants d'Abraham observaient des règles très strictes. Mais Jésus leur fit comprendre qu'ils ne nettoyaient en réalité que le dehors du plat alors que le dedans était complètement souillé (Matthieu 23.25). « Toute notre justice, dit le prophète Ésaïe, est comme un vêtement souillé » (Ésaïe 64.56).

Abraham a été justifié, non à cause des œuvres accomplies selon la Loi, mais à cause de sa foi dans les promesses de Dieu. C'est ce que Paul fait ressortir au chapitre quatre de son épître aux Romains.

Question à discuter :

- *Quel est le but de la Loi dans le plan de Dieu pour notre salut ? (voir Galates 3.24)*

II. LE RÔLE DE CHRIST
Romains 3.24-26

Christ avait accusé les pharisiens de négliger de nettoyer le dedans du plat ou de la coupe (Matthieu 23.25). Mais peut-on accomplir cette purification intérieure par soi-même ?

Dans son « Sermon sur la Montagne », le Seigneur dit : « Cherchez premièrement le royaume et la justice de Dieu » (Matthieu 6.33a). Il ne s'agit pas de notre propre justice mais de la justice qui vient de Dieu. Car, c'est Dieu qui justifie, et il le fait par et en Jésus-Christ.

Paul reprend les vérités et les faits présentés dans les Évangiles et nous les présente d'une manière systématique à la lumière de la révélation que Dieu lui accorde. Grâce à cette révélation, il nous permet de comprendre les implications profondes du sacrifice de la Croix. « C'est lui que Dieu a destiné, par son sang, à être, pour ceux qui croiraient, victime propitiatoire » (Romains 3.25).

A. Le sacrifice propitiatoire de Jésus-Christ

Jésus est donc l'agneau pascal qui devait être immolé et dont le sang protégeait ceux dont les maisons en ont été aspergés (Exode 12.22). Son sacrifice — accompli une fois pour toutes — assure, à ceux qui croient, le pardon des péchés et la justification. Considérez le contraste entre les versets 23 et 24. Le premier proclame l'universalité du péché, tandis que le second affirme la doctrine de la libre grâce ; car, ceux qui croient sont « gratuitement justifiés par sa grâce, par le moyen de la rédemption qui est en Jésus-Christ » (Romains 3.24).

Ainsi, Jésus-Christ, en tant qu'unique médiateur entre Dieu et l'homme, annule par son sacrifice l'effet du jugement divin contre le pécheur qui croit en lui. Ce sacrifice sanglant satisfait, d'une part, la justice de Dieu — car sans effusion de sang, il n'y a pas de rémission de péchés (Hébreux 9.22) — et accorde, d'autre part, la justification au pécheur repentant. C'est ce que Paul exprime au verset 26 du troisième chapitre de son épître aux Romains.

Le pécheur est acquitté parce que quelqu'un d'autre — Jésus-Christ — a supporté à sa place la peine de mort qu'exigeait le verdict prononcé contre lui. Le juge est satisfait et le coupable est libéré des liens de la condamnation.

B. Le grand paradoxe

Le paradoxe, c'est que c'est Dieu lui-même, en tant que juste juge, qui a pourvu à cette substitution ; c'est lui qui a décidé que Jésus prendrait la place du pécheur. Mais comprenons aussi que c'est le seul sacrifice qui pouvait satisfaire la justice divine. Comme l'a dit quelqu'un, seul un Fils éternel pouvait apaiser le courroux d'un Père éternel. John Nielson écrit : « le message de la loi, c'est que tous sont coupables par nature. Le message de l'Évangile, c'est que tous sont rachetés par Christ. »

Questions à discuter :

- *Quel est le rôle du sacrifice de Jésus-Christ ?*

- *Pourquoi disons-nous qu'il y a un paradoxe, une sorte de contradiction, dans le sacrifice de Jésus-Christ ?*

III. LE RÔLE DE LA FOI

Romains 3.27-31

Le verset à retenir nous dit clairement : « Car nous pensons que l'homme est justifié par la foi, sans les œuvres de la loi » (Romains 3.28). Considérons donc le rôle de la foi.

A. La foi au lieu de la loi

Si la Loi fait connaître à l'homme sa culpabilité, c'est la foi qui lui permet de s'approprier les bénéfices résultant du sacrifice du Calvaire ; c'est la foi qui lui ouvre la porte d'entrée dans la grâce divine.

« Or la foi est une ferme assurance des choses qu'on espère, une démonstration de celles qu'on ne voit pas » (Hébreux 11.1). *La Bible en français courant* rend le texte précédent comme suit : « Avoir la foi, c'est être sûr de ce que l'on espère, c'est être convaincu de la réalité de ce que l'on ne voit pas. » La foi utilise l'œil intérieur, car elle est fondée non sur ce que l'œil naturel voit, mais sur la vision de choses à venir dont elle anticipe la réalisation.

La Loi, en tant que pédagogue, nous conduit à Christ qui seul peut sauver (Galates 3.24 ; Actes 4.12). Mais nous devons nous approprier la grâce salvatrice par la foi. « Car c'est par la grâce que vous êtes sauvés, par le moyen de la foi », dira Paul aux Éphésiens, ajoutant : « Et cela ne vient pas de vous, c'est le don de Dieu. Ce n'est point par les œuvres, afin que personne ne se glorifie » (Éphésiens 2.8-9). Là encore, nous voyons, d'une part, l'impuissance de la Loi à sauver et, d'autre part, la puissance de la foi en Christ qui peut sauver parfaitement (Hébreux 7.25).

B. La foi et la Loi

Nous entendons souvent dans les cercles chrétiens l'expression : « Je suis sous la grâce non sous la loi », chaque fois que quelqu'un veut justifier une action que d'autres jugent répréhensible. Il est vrai que nous sommes sauvés par un acte de la grâce divine que notre foi accepte et s'approprie. Mais Paul nous fait remarquer que la foi n'élimine pas la loi, mais la confirme. « Anéantissons-nous donc la loi par la foi ? Loin de là ! Au contraire, nous confirmons la loi » (Romains 3.31).

Nous avons dit précédemment que la Loi en elle-même est bonne et bonne à mettre en pratique, mais qu'elle ne pouvait nous sauver parce que dans notre état de péché, elle ne pouvait que nous faire voir l'étendue de notre déchéance. Mais maintenant que la grâce et la foi entrent en scène, nous pouvons voir la Loi sous un autre angle. Nous pouvons la considérer comme la « loi de la foi » qui nous empêche de nous glorifier de nos propres œuvres méritoires, mais qui élimine en même temps la « loi des œuvres » laquelle était un fardeau trop lourd pour nous — puisque personne ne pouvait accomplir parfaitement toute la Loi (Romains 3.27).

Ainsi nous ne sommes plus dans l'obligation de pratiquer les « œuvres de la loi » qui nous rendaient soit orgueilleux par rapport à nos semblables qui semblaient accorder moins d'attention que nous à certains détails — c'était le cas des Pharisiens — soit misérables à cause de notre incapacité de plaire à Dieu en observant strictement ses commandements. Mais quand la foi s'empare des promesses de la grâce, nous ne comptons plus sur nous-mêmes pour faire ce que Dieu commande, mais sur cette même grâce qu'il accorde. En tenant ferme dans cette foi, nous pouvons obéir joyeusement à des commandements qui autrefois nous paraissaient comme des pensums. C'est dans ce contexte que nous pouvons comprendre les paroles suivantes de Jésus, qui autrement sembleraient contradictoires : « Venez à moi, vous tous qui êtes fatigués et chargés, et je vous donnerai du repos. Prenez mon joug sur vous et recevez mes instructions, car je suis doux et humble de cœur ; et vous trouverez du repos pour vos âmes. Car mon joug est doux, et mon fardeau léger » (Matthieu 11.28-30). Il est le bon berger, sa houlette et son bâton sont pour nous rassurer, non pour nous faire souffrir ; et sous sa conduite, nous atteindrons les verts pâturages et les courants d'eau tranquilles (Psaume 23).

Illustration : le lendemain de son mariage, une femme se vit donner par son mari une liste de « dix commandements » qu'elle devait observer dans l'entretien de la maison et dans ses relations avec lui. Ces « commandements » étaient si sévères et si dénués d'amour que la femme était trop contente de voir son mari partir tôt le matin, mais devenait triste quand approchait l'heure de son retour. Par obéissance et ne voulant pas causer de scandale, elle supporta pendant quelques années l'attitude bourrue de son mari. Puis un jour le mari tomba malade et mourut. La femme enleva immédiatement de la cuisine la feuille sur laquelle était écrite les terribles « commandements » et la jeta dans un tiroir.

Quelque temps après, elle fit la connaissance d'un homme dont le tempérament était aussi différent de celui de son ancien mari que l'était la nuit et le jour. Elle sentit qu'il était vraiment l'homme que son cœur désirait, et ils se marièrent. La femme se sentit tellement heureuse de la tendresse et de l'affection que lui prodiguait son nouvel époux, qu'elle décida d'acheter de nouveaux livres de cuisine afin de préparer des mets succulents pour l'homme de sa vie, quand il revenait le soir de son travail. Bien plus, elle se leva plus tôt que d'habitude afin de le surprendre dès son réveil avec un déjeuner bien chaud.

Elle était un peu triste quand il partait le matin, mais passait sa journée dans l'attente de son retour, maintenant la maison bien propre et lui préparant des plats succulents. Son bonheur était vraiment à son comble.

Un jour elle décida de se débarrasser d'un tas de choses dans la cuisine. Tandis qu'elle nettoyait un tiroir, elle en tira une feuille toute jaunie. Devinez sa surprise quand elle découvrit qu'il s'agissait de ces « commandements » longtemps oubliés. Amusée, elfe s'assit et se mit à les relire. Des larmes de joie coulait de ses yeux en découvrant que depuis son nouveau mariage, elle exécutait toutes ces choses que son premier mari avait prescrit sans y prêter attention. Elle les accomplissait avec amour et avec joie, alors qu'autrefois elles étaient pour elle un fardeau pesant. L'amour avait fait toute la différence.

Dieu nous aime. Lorsque nous acceptons sa grâce par la foi, nous L'aimons en retour et faisons ce qu'il nous commande avec joie. « Étant donc justifiés par la foi nous avons la paix avec Dieu par notre Seigneur Jésus-Christ, à qui nous devons d'avoir eu par la foi accès à cette grâce, dans laquelle nous demeurons fermes, et nous nous glorifions dans l'espérance de la gloire de Dieu » (Romains 5.1-2).

Questions à discuter :

- *Quel est le rôle de la foi dans le pian du salut ?*
- *Que faut-il entendre par « la loi de la foi » ?*

Leçon 5

GRÂCE ABONDANTE

PASSAGE BIBLIQUE SUR LA LEÇON
Romains 5.1-21

VERSET À RETENIR
« Étant donc justifiés par la foi, nous avons la paix avec Dieu par notre Seigneur Jésus-Christ » (Romains 5.1).

BUT DE LA LEÇON
Décrire les bénéfices de la grâce de Dieu et nous encourager à manifester de la gratitude et réaffirmer notre espérance dans les promesses infaillibles de Dieu.

INTRODUCTION
Dans la leçon précédente, nous avons considéré l'universalité de la bénédiction divine — le salut est offert à tous les hommes, afin qu'ils soient justifiés par la foi en Jésus-Christ. Nous avons aussi remarqué que cette grâce était imméritée. La leçon d'aujourd'hui nous permettra de jeter un regard plus profond sur cette grâce merveilleuse et ses bénéfices.

Notre esquisse suit les points suivants :

I.   La grâce dans laquelle nous demeurons fermes — 5.1-5

II. La grâce qui nous rachète — Romains 5.6-11

III. La grâce par le dernier Adam — Romains 5.12-19

IV. La grâce toujours suffisante — Romains 5.20-21

I. LA GRÂCE DANS LAQUELLE NOUS DEMEURONS FERMES
Romains 5.1-5

La grâce va de pair avec la foi. Par la foi en Jésus-Christ — c'est-à-dire par la foi en son sacrifice rédempteur — nous avons « accès à cette grâce » (Romains 5.2). Considérons donc le mot « grâce » plus en détail.

Le mot grec traduit par grâce est *charis*. Barclay nous dit que le mot grâce « décrit toujours quelque don qui est absolument gratuit et absolument … immérité ». Henri Thayer, pour sa part, nous apprend que les écrivains du Nouveau Testament emploient *charis* « d'une manière prééminente, concernant cette bonté par laquelle Dieu répand ses faveurs même sur celui qui ne le mérite pas, et accorde aux pécheurs le pardon de leurs offenses et leur permet d'accepter le salut éternel en Christ ».

De son côté, Hermann Cremer écrit : « *Charis* est employé d'une manière distincte dans le Nouveau Testament pour désigner le rapport et la conduite de Dieu envers l'homme coupable révélé en et par Christ, spécialement comme un acte de *faveur spontanée*, d'une faveur pour laquelle aucune mention d'obligation ne peut être faite. »

Ainsi, la grâce se révèle comme le don immérité de Dieu par lequel nous sommes rétablis dans une relation de fils à père avec Dieu. Comme l'enfant prodigue, nous revenons au bercail, mais l'invitation de revenir est venue de Dieu Lui-même en Jésus-Christ. « Mais à tous ceux qui l'ont reçue, à ceux qui croient en son nom, elle [la Parole, c'est-à-dire Jésus-Christ] a donné le pouvoir de devenir enfants de Dieu » (Jean 1.12).

C'est cette grâce-là dans laquelle nous tenons ferme. Elle produit :

A. La paix — Romains 5.1

La paix avec Dieu découle de notre expérience de la grâce du pardon. Avant cette expérience libératrice, nous étions comme en guerre avec Dieu. Mais lorsque nous acceptons Christ et que nous nous abandonnons à Dieu, une grande paix envahit notre âme. Le conflit prend fin et notre cœur se repose en lui.

B. La joie — Romains 5.2-3

« Et ce qui nous donne de la joie c'est l'espoir d'avoir part à la gloire de Dieu » (Romains 5.2, *La Bible en français courant*). Cette joie nous permet de supporter les souffrances. « Bien plus, nous nous réjouissons même de nos souffrances, car nous savons que la souffrance produit la patience » (Romains 5.3, *La Bible en français courant*).

C. L'espérance — Romains 5.2-5

Paul nous apprend dans sa première épître aux Corinthiens que l'espérance est l'une des trois choses qui demeurent (voir 1 Corinthiens 13.13). Paul nous donne ici quatre aspects de cette espérance :

(1) Notre espérance est fermement enracinée dans notre nouvelle paix trouvée en Dieu.

(2) Cette espérance est une attente dans la participation à la gloire de Dieu, en particulier la résurrection à la vie éternelle, mais aussi la transformation dont nous faisons l'expérience à mesure que nous croissons dans la grâce.

(3) Cette espérance grandit avec les épreuves. Elle nous donne la capacité de persévérer au milieu de nos souffrances.

(4) Cette espérance nous rend victorieux et ne nous désappointe point. Nous la possédons « comme une ancre de l'âme, sûre et solide » (Hébreux 6.19).

D. L'amour — Romains 5.5

Il s'agit ici de l'amour *agape,* « l'amour de Dieu qui est répandu dans nos cœurs par le Saint-Esprit ». Nous aimons Dieu, dit l'apôtre Jean, « parce qu'il nous a aimés le premier » (1 Jean 4.19).

E. Le Saint-Esprit — Romains 5.5

La grâce de Dieu c'est le Saint-Esprit dans nos vies. Dieu nous a donné non seulement son Fils unique, mais aussi son Saint Esprit par qui son amour continue à s'exprimer après notre réconciliation avec lui, au moyen de la repentance et de l'acceptation du sacrifice de Jésus-Christ. Le Seigneur avait promis un autre Consolateur (Jean 14.16-17). C'est l'Esprit-Saint. Le mot grec traduit par consolateur *(paraclet)* signifie aussi avocat, défenseur, aide, assistant, conseiller, protecteur, conducteur, allié, intercesseur, soutien. Et c'est tout cela que le Saint-Esprit représente pour nous. Quelle grâce merveilleuse !

Questions à discuter :

• *Qu'impliquent cette paix et cette joie que nous accorde la grâce divine ?*

• *Comment notre espérance peut-elle être renforcée au milieu de la souffrance ?*

III. LA GRÂCE QUI NOUS RACHÈTE

Romains 5.6-11

A. L'amour divin prouvé — Romains 5.6-11

« Dieu a tant aimé le monde, écrit l'apôtre Jean, qu'il a donné son Fils unique » (Jean 3.16). Il s'agit de l'amour *agape,* l'amour divin ; c'est un amour qui donne en abondance même lorsque nous sommes les plus indignes d'un tel amour. Car « Dieu prouve son amour envers nous, en ce que, lorsque nous étions encore des pécheurs, Christ est mort pour nous » (Romains 5.8).

Si Dieu avait laissé les hommes périr dans leur désobéissance, son action serait justifiée sur le plan de la justice stricte. Mais il ne cherche pas à se venger de notre désobéissance, il veut plutôt que tous parviennent au salut et au bonheur éternels (2 Pierre 3.9 ; 1 Timothée 2.4). Toute doctrine qui fait de Dieu un être partial, qui sauverait quelques-uns et laisserait périr d'autres, est définitivement anti-biblique. La souveraineté de Dieu est notre assurance que ce qu'il promet à tous les hommes, il peut l'accomplir.

B. Réconciliés par le sang — Romains 5.9-10

Mais l'amour de Dieu n'exclut pas sa justice. Car lorsque nous poussons la patience de Dieu à bout, en dépit du fait qu'il la prolonge pour notre salut, il finit par laisser éclater sa colère. L'auteur de l'épître aux Hébreux nous dit que le Dieu d'amour peut être aussi un feu dévorant. C'est pourquoi le même auteur nous avertit : « C'est une chose terrible que de tomber entre les mains du Dieu vivant » (Hébreux 10.31).

Mais Christ, par son sacrifice, est devenu le Médiateur — le seul — entre Dieu et l'homme (1 Timothée 2.5). Il a fait l'expiation et apaisé la colère de Dieu, et il nous a réconciliés avec son Père. Nous pouvons donc nous réjouir en Dieu par notre Seigneur Jésus-Christ (Romains 5.11, *La Bible en français courant).*

Questions à discuter :

- *Quelle est la preuve la plus marquante de l'amour de Dieu ? Que signifie cela pour nous ?*

- *Étant réconciliés avec Dieu, quelle doit être notre attitude à l'égard des autres ? (voir 2 Corinthiens 5.18-20).*

III. LA GRÂCE PAR LE DERNIER ADAM

Romains 5.12-19

La version Segond intitule ce segment du chapitre : le *péché et la grâce*. La version *Bible en français courant* l'intitule : *Adam et Christ*, tandis que la version *Synodale* utilise les deux titres : le *péché et la grâce/Adam et Jésus-Christ*. Ce dernier titre montre le contraste entre le premier Adam et le second Adam — le premier est le type du péché et de la loi, alors que le second est le type de la grâce et de la foi,

Adam, le premier homme, commit un acte de rébellion et de désobéissance qui affecta toute l'humanité. Par ce seul acte tous les hommes participent de la déchéance caractérisée par la maladie, le vieillissement et enfin la mort d'une part, et par le péché et la désobéissance d'autre part. Nous péchons donc à la fois par nature et par choix.

De même, Jésus commit un seul acte d'obéissance et de rédemption qui servit de substitut à l'ancien acte de désobéissance. C'est en ce sens que Jésus est le second ou le nouvel Adam. C'est comme si Dieu créait en Christ une race nouvelle. Et dans un certain sens, c'est ce qu'il a fait. Ceux qui acceptent Christ changent immédiatement de camp, et s'identifient à l'homme nouveau (2 Corinthiens 5.17 ; Éphésiens 2.15).

C'est pourquoi l'apôtre Pierre pouvait écrire : « Vous, au contraire, vous êtes une race élue, un sacerdoce royal, une nation sainte, un peuple acquis, afin que vous annonciez les vertus de celui qui vous a appelés des ténèbres à son admirable lumière, vous qui autrefois n'étiez pas un peuple, et qui maintenant êtes le peuple de Dieu, vous qui n'aviez pas obtenu miséricorde, et qui maintenant avez obtenu miséricorde » (1 Pierre 2.9-10).

Question à discuter :

- *Dans quel sens Jésus est-il le second Adam et que représente-t-il pour nous, en ce sens ?*

IV. LA GRÂCE TOUJOURS SUFFISANTE

Romains 5.20-21

Les versets 20 à 21 parlent de la supériorité de la grâce sur le jugement. « Là où le péché a abondé, la grâce a surabondé » (Romains 5.20).

Nous avons là un contraste très frappant. D'un côté, le péché enfreint la loi qui amène le jugement de condamnation — la mort ; d'un autre côté, la grâce apporte le pardon et par la repentance et l'acceptation du pardon, le pécheur a accès à la vie éternelle en Jésus-Christ.

A. Illustrations de la grâce

La surabondance de la grâce de Dieu peut-être illustrée par deux miracles accomplis dans l'Ancien Testament. Le premier est rapporté dans le 17° chapitre du premier livre des Rois où Dieu promit à une veuve, par le truchement du prophète Elie, que la petite quantité d'huile et la petite portion de farine qui lui restait, durerait durant toute la famine qui sévissait dans le pays. Et vraiment — miracle divin ! — la femme pouvait cuire chaque jour du pain pour elle et pour son fils. La deuxième miracle est consigné au 4° chapitre du deuxième livre des Rois. Dieu, par l'intermédiaire du prophète Élisée, promit à une autre veuve que l'huile contenu dans son vase pouvait remplir autant de vases qu'elle pouvait rassembler dans sa maison. L'huile se transmit par miracle d'un vase à un autre, et la femme vendit une bonne partie pour payer ses dettes, et il lui en resta assez pour pouvoir vivre avec ses enfants.

B. Grâce toute suffisante

Nous vivons aujourd'hui au siècle de l'incrédulité. Les miracles sont rejetés — même par de soi-disant croyants — comme des histoires pour les enfants. Mais, de même qu'il y eut de l'huile et de la farine, dans le premier cas, tant qu'il y avait de la famine ; et de même qu'il y eut de l'huile dans la vase, tant qu'il y avait un vase à remplir, de même la grâce de Dieu est disponible, tant qu'il y a une âme assoiffée de paix, de justice, de pardon et d'amour. Là où le mal abonde, la grâce s'élève bien plus haut ; elle surabonde, de sorte que personne ne dise qu'il a cherché en vain la grâce et la miséricorde. Des enfants nés au milieu des bas-fonds, où les actions les plus abjectes se commettent, ont pu en sortir et devenir, par la grâce divine, des gens respectables et respectés.

Si la grâce était suffisante pour le larron placé à la droite de Jésus, à la Croix, elle peut être suffisante pour toute âme en détresse, quel que soit le bourbier dans lequel elle se trouve. La grâce et l'amour sont assez puissants pour vaincre le péché et la haine dans le monde.

C. Les implications de la grâce

Mais la grâce n'est pas comme une rivière dans laquelle on se baigne ou qu'on traverse pour passer de l'autre côté, et qu'on laisse derrière soi. Non ! le psalmiste nous dit que le bonheur et la grâce nous accompagnerons tous les jours de notre vie (Psaume 23.6). La grâce est quelque chose dans laquelle nous devons tenir fermes.

L'apôtre Paul s'adressant à Tite, surintendant de l'Église de Dieu dans l'Île de Crète, déclare que « la grâce de Dieu, source de salut pour tous les hommes, ... nous enseigne à renoncer à l'impiété et aux convoitises mondaines, et à vivre dans le siècle présent selon la sagesse, la justice et la piété, en attendant la bienheureuse espérance, et la manifestation de la gloire du grand Dieu et de notre Sauveur Jésus-Christ, qui s'est donné lui-même pour nous, afin de nous racheter de toute iniquité, et de se faire un peuple qui lui appartienne, purifié par lui et zélé pour les bonnes œuvres » (Tite 2.11-14).

Le salut n'est pas un acte isolé, mais un processus — repentance, justification, sanctification, croissance dans la grâce, etc. — qui se poursuit toute la vie par la grâce dans laquelle nous sommes appelés à tenir ferme.

Leçon 6

LA VICTOIRE SUR LE PÉCHÉ

PASSAGE BIBLIQUE SUR LA LEÇON
Romains 6.8-23

VERSET À RETENIR
« Mais maintenant, étant affranchis du péché et devenus esclaves de Dieu, vous avez pour fruit la sainteté et pour fin la vie éternelle » (Romains 6.22).

BUT DE LA LEÇON
Démontrer la nécessité de la vie de la sainteté comme une conséquence de la nouvelle naissance.

INTRODUCTION
L'apôtre Paul présente, au chapitre 6, la lutte entre deux puissances opposées : le péché et la grâce. Les sept premiers versets pourraient être rattachées au chapitre précédent, car ils sont une mise en garde contre la rechute. D'un côté, nous avons le péché qui domine par la désobéissance et qui conduit à la mort ; de l'autre côté, nous avons la grâce qui règne par l'obéissance et la justice, et qui conduit à la vie éternelle.

Le croyant, en acceptant la grâce de Dieu, franchit un pont et laisse derrière lui la vie de condamnation par le péché. Maintenant, il s'agit pour lui de maintenir cette attitude, c'est-à-dire éviter de retomber dans la désobéissance. Cette attitude conduit à la sainteté et à la croissance dans la grâce.

Notre esquisse suit les points suivants :

I.   Mort au péché — vivant pour Dieu — Romains 6.8-14

II. Esclaves de la justice — Romains 6.15-21

III. Sauvés pour être saints — Romains 6.22-23

I. MORT AU PÉCHÉ — VIVANT POUR DIEU

Romains 6.8-14

Paul emploie, dans les quatorze premiers versets (Romains 6.1-14), la mort et la résurrection comme symboles de la nouvelle vie en Christ. Il commence par poser la question que le lecteur ou le sceptique peut demander. Puisque la grâce de Dieu est si abondante et puisque nous sommes justifiés par Christ, ne devrions-nous pas continuer à vivre dans le péché, afin que la grâce de Dieu surabonde ?

La réponse de Paul est sans ambages : Comment, *en tant que chrétiens,* pourrions-nous continuer à pécher étant donné que nous, *en tant que chrétiens,* sommes morts au péché (Romains 6.2-11).

Comment devons-nous donc vivre cette nouvelle vie ? La réponse est double :

À. Offrez-vous vous-même à Dieu — Romains 6.13a

Paul semble se référer ici au « moi ». Je dois m'abandonner complètement à Dieu. Si je dois vivre cette nouvelle vie, je dois m'abandonner totalement à celui qui m'accorde cette nouvelle vie.

B. Offrez vos membres à Christ — Romains 6.13b

Mais je dois m'abandonner à lui tout entier. Considérez ce que Paul dit à ce sujet en Romains 12.1-2. Tous nos membres doivent être reconvertis pour son service. C'est un volte-face complet dans la bonne direction.

Nos membres doivent servir comme « instruments de justice » pour sa seule gloire.

Question à discuter :

- *En quoi consiste notre offrande de nous-mêmes à Dieu ?*

II. ESCLAVES DE LA JUSTICE

Romains 6.15-21

Le verset 14 (Romains 6.14) constitue une transition de l'image de la mort et de la résurrection à celle de la servitude. C'est assez difficile pour nous de comprendre, à notre époque de lutte « pour la liberté et la libération ». Mais au temps de l'Empire Romain, l'esclavage était chose normale et les lecteurs de ce temps-là ne considéraient pas une telle référence comme une offense.

Considérons la substitution. Dans l'ancienne vie, nous étions esclaves du péché ; nous n'étions pas libres d'agir à notre guise, mais nous agissions selon les suggestions du péché. Le péché était notre maître et nous lui obéissions sans trop le savoir.

Mais la grâce ne laisse pas un vide en nous ; elle nous accorde un autre maître, un maître que nous pouvons servir avec joie et sans crainte, un maître qui nous donne la sécurité et la paix. Nous devenons des « esclaves », mais des « esclaves libres ». Esclaves libres ? Cela semble être une contradiction, mais elle n'est qu'apparente.

Le chien de la fable avait un collier à son cou — signe de son appartenance à son maître qui le nourrissait et lui donnait une demeure sûre. Le loup de la fable n'avait aucun collier autour du cou ; il se croyait « libre », mais il était maigre et inquiet, redoutant toujours d'être capturé par les chasseurs. Lequel des deux — du loup ou du chien — était le plus libre ? De même en quoi consiste la vraie liberté ? De vivre dans le péché ou de vivre dans la grâce ? Assurément, la grâce accorde une liberté sans amertume. Que faisons-nous donc avec la « nouvelle vie » en Christ ? Nous la vivons pour Dieu (Romains 6.10). Que faisons-nous avec la nouvelle liberté ? Nous l'utilisons pour la justice (Romains 6.18).

Question à discuter :

• *Quel est l'avantage de la grâce sur le péché ?*

III. SAUVÉS POUR ÊTRE SAINTS
Romains 6.22-23

A. Processus de sanctification

Le but du sacrifice du Calvaire n'est pas de nous pardonner continuellement pour des transgressions continuelles, mais de nous transformer en des saints.

Nous ne sommes pas, simplement des pécheurs (au temps présent) qui sont en train d'être sauvés, mais plutôt d'anciens pécheurs qui ont été sauvés. Dieu veut aller plus loin avec nous ; il veut nous transformer à son image.

En Hébreux 13.12, nous lisons que Jésus a souffert pour « sanctifier le peuple par son propre sang ». Le péché d'Adam a rendu les hommes pécheurs, le sacrifice de Christ rend les hommes saints par la grâce de Dieu. Il y a quatre étapes dans la sanctification :

1. *La sanctification initiai — Romains 6.22a.* C'est le début de la nouvelle naissance. Dieu nous adopte comme ses enfants (Jean 1.12). Il nous purifie de la culpabilité et de la domination du péché.

2. *L'entière sanctification — Romains 6.22b.* Cette seconde expérience arrive lorsque notre consécration est rendue complète et que nous sommes remplis du Saint-Esprit. Ce que nous gardions pour nous-même est maintenant abandonné complètement entre les mains de Dieu.

3. *La sanctification progressive — Romains 6.22c.* Dès le moment où nous sommes convertis jusqu'au moment de notre mort, Dieu se met à transformer notre vie pour la rendre conforme à sa volonté et selon le modèle vécu par Jésus-Christ. Nous qualifions cette étape parfois de « croissance dans la grâce ». C'est un processus continu.

4. *La sanctification finale — Romains 6.22d.* Il s'agit ici de la glorification après la mort, lorsque nous échangeons ce corps mortel pour un corps immortel. Notre sanctification sera alors totale, puisque les imperfections de notre humanité seront remplacées par la perfection de la présence vivante et éternelle de Dieu en nous et dans son royaume de gloire. Ce sera le paradis reconquis !

Tous ces quatre aspects de la sanctification forment un tout harmonieux. Le plan de Dieu, c'est de nous conduire dans la sainteté dans toutes ses dimensions. La vie de sainteté est une vie de victoire continue sur le péché.

B. Le don de Dieu — Romains 6.23

Le verset 23 est comme un sceau sur le plan de Dieu pour notre vie. « le don gratuit de Dieu, c'est la vie éternelle. »

L'apôtre fait ici le contraste entre la vie de péché qui conduit à la mort, à la séparation éternelle avec Dieu, et le don de Dieu, don gratuit — c'est-à-dire *imméritée* — qui est la vie éternelle. Ce don est l'équivalent de la quatrième étape de la sanctification — la glorification.

Mais les textes bibliques nous assurent que dès le moment de la conversion ce don est nôtre, comme la clause finale d'un testament en notre faveur qui ne change pas.

La vie éternelle au service de Dieu et dans la joie de sa présence ! Quelle merveilleuse perspective !

Questions à discuter :

- *Quelle étape de la sanctification paraît être la plus difficile à atteindre ?*
- *Pouvons-nous être certains de la certitude du don de Dieu de la vie éternelle ? (voir 1 Jean 5.11-13.)*

Leçon 7

LA VIE VICTORIEUSE DANS L'ESPRIT

PASSAGE BIBLIQUE SUR LA LEÇON

Romains 8.1-39

VERSETS À RETENIR

« Car j'ai l'assurance que ni la mort ni la vie, ni les anges ni les puissances, ni la hauteur, ni la profondeur, ni aucune autre créature ne pourra nous séparer de l'amour de Dieu manifesté en Jésus-Christ notre Seigneur » (Romains 8.38-39).

BUT DE LA LEÇON

Explorer fa victoire disponible par le ministère de l'Esprit, et apporter de l'optimisme à la vie chrétienne.

INTRODUCTION

L'Évangile de Jean rapporte en détail les paroles de Jésus concernant le ministère que remplirait le Saint-Esprit en faveur des croyants. Jésus disait, entre autres, à ses disciples : « Quand le consolateur sera venu, l'Esprit de vérité, il vous conduira dans toute la vérité ; car il ne parlera pas de lui-même, mais il dira tout ce qu'il aura entendu, et il vous annoncera les choses à venir » (Jean 16.13).

La vie victorieuse est possible avec et par l'Esprit. Il est celui qui poursuit en nous l'œuvre de transformation que le Christ a commencée en nous. Paul, après avoir passé en revue le problème du péché, de la chute, puis de la justification et de la régénération, nous fait considérer maintenant les aspects de la croissance dans la grâce et de la vie victorieuse par et dans l'Esprit.

Notre leçon tourne autour des trois points suivants :

I. La victoire sur le péché — Romains 8.1-9

II. La victoire sur la mort — Romains 8.11-13, 18-25

III. La victoire sur tes circonstances de la vie — Romains 8.26-31, 37-39

I. LA VICTOIRE SUR LE PÉCHÉ

Romains 8.1-9

Au chapitre sept, Paul montre le dualisme que toute être humain confronte : le désir de faire le bien, d'une part, et la tendance à faire le mal, d'autre part. Il montre le rôle de la Loi qui fait un reproche à notre conscience quand nous désobéissons. Mais la Loi ne peut pas nous porter à faire le bien. Toutefois l'apôtre montre, à la fin du chapitre sept, que la délivrance nous vient par Jésus-Christ, notre Seigneur.

C'est pourquoi le chapitre huit débute avec ces paroles victorieuses : « Il n'y a donc maintenant aucune condamnation pour ceux qui sont en Jésus-Christ. »

A. Victoire sur la culpabilité du péché

Beaucoup de fois, des personnes après avoir acceptées le salut en Jésus- Christ, ressentent en elles-mêmes une certaine culpabilité à cause de leur vie passée. Que ces personnes-là se rassurent à la pensée que le sang de Jésus efface efficacement et définitivement toute iniquité passée, purifiant le cœur du croyant par la foi (1 Jean 1.9). Le croyant en Christ devient une nouvelle créature libre de toute crainte et capable, par la grâce, de pratiquer les œuvres de justice et de vérité (2 Corinthiens 5.17). Le croyant en Christ peut déclarer ouvertement : « Je crains Dieu et n'ai point d'autre crainte. »

B. Victoire sur la nature pécheresse

Mais le croyant peut non seulement être libéré d'un sentiment de culpabilité mais aussi de la nature charnelle qui fait monter en lui les désirs de péché. Cette victoire sur « l'affection de la chair » (Romains 8.6) se produit au moyen de « l'Esprit de vie en Jésus » (8.2).

Le vide laissé par la délivrance de « l'affection de la chair » est immédiatement comblée par « l'affection de l'Esprit ». Paul, s'adressant aux Colossiens, leur dit : « Si donc vous êtes ressuscité avec Christ, cherchez les choses d'en haut, où Christ est assis à la droite de Dieu. *Affectionnez-vous* aux choses d'en haut, et non à celles qui sont sur la terre » (Colossiens 3.1-2).

Cette capacité de nous affectionnez aux choses de l'Esprit est le résultat de notre sanctification qui est une œuvre de Dieu par le Saint-Esprit qui vient faire sa demeure en nous, lorsque nous l'invitons par la foi à habiter en nous (Romains 8.9).

Questions à discuter :

- *Comment la victoire sur notre sentiment de culpabilité et sur la nature pécheresse est-elle possible ?*
- *Quel est l'effet de l'amour parfait de Dieu en nous ? (voir 1 Jean 4.18).*

II. LA VICTOIRE SUR LA MORT

Romains 8.11-13,18-25

Vers la fin de son étude magistrale sur la résurrection, l'apôtre Paul cite les sentiments d'Ésaïe et d'Osée (cf. Ésaïe 25.8 et Osée 13.14 avec 1 Corinthiens 16.54-55) :

> *La mort a été engloutie dans la victoire.*
>
> *Ô mort, où est ta victoire ?*
>
> *ô mort, où est ton aiguillon ?*

Puis, l'apôtre continue en disant : « L'aiguillon de la mort, c'est le péché ; et la puissance du péché, c'est la loi. Mais grâces soient rendues à Dieu, qui nous donne la victoire par notre Seigneur Jésus-Christ ! » (1 Corinthiens 15.56-57).

L'apôtre dit bien en Romains 8.2 que « l'Esprit de vie en Jésus-Christ [nous] a affranchi (s) de la loi du péché et de la mort ». Étant affranchis de la culpabilité résultant du péché, nous sommes en même temps affranchis du salaire du péché qui est la mort (Romains 6.23). Nous recevons, en contrepartie, le don de Dieu par la foi — la vie éternelle en Jésus-Christ.

En Romains 8.18-25, Paul reprend le thème de la victoire sur la mort. Il parle de la gloire à venir (v.18), de la rédemption de notre corps (v.23), et de la certitude de notre espérance qui nous porte à la persévérance (vv.24-25).

Jésus-Christ, par son sacrifice, a vaincu la mort — le dernier ennemi (1 Corinthiens 15.26) — et nous a offert la vie, la vie éternelle. C'est par le Saint-Esprit que ces choses-là deviennent réelles en nous et pour nous.

Cette crainte plurimillénaire de la mort que nous avons héritée d'Adam est éliminée en Christ, de sorte que nous pouvons répéter à la suite de l'apôtre : « Christ est ma vie, et la mort m'est un gain » (Philippiens 1.21).

Question à discuter :

- *Comment pouvons-nous être libéré de la crainte de la mort ?*

III. LA VICTOIRE SUR LES CIRCONSTANCES DE LA VIE
Romains 8.26-31, 37-39

Pour que nous puissions garder les deux pieds sur terre et ne pas vivre simplement dans les nuages, Paul nous rappelle que la vie chrétienne est une vie de tous les jours, avec ses hauts et ses bas, ses joies et ses peines, ses victoires et ses revers.

Jésus-Christ a prié pour que Dieu n'ôte pas ses disciples du monde, mais que plutôt il les préserve du mal (Jean 17.15). Nous devons donc apprendre à faire face victorieusement aux circonstances adverses du monde dans lequel nous vivons.

A. La victoire par le Saint-Esprit qui intercède pour nous —
Romains 8.26-27

Dieu connaît nos besoins et nos difficultés, même s'il s'attend à ce que nous lui en fassions part (Matthieu 6.8).

L'une des fonctions du Saint-Esprit est de nous servir d'intercesseur auprès du Père. L'apôtre fait remarquer que l'Esprit supplée à notre faiblesse et transmet à Dieu nos désirs inconscients (Romains 8.26-27). Il nous sert en quelque sorte d'interprète, transmettant par des « soupirs inexprimables » les aspirations et les souhaits qu'il a su lire en nous.

Paul nous fait comprendre que le Christ lui-même, assis à la droite du Père, intercède pour nous (Romains 8.34). L'auteur de l'épître aux Hébreux corrobore cette assertion (Hébreux 7.25). Cette idée du Fils et du Saint-Esprit intercédant pour nous, est plus rassurante que celle de « l'ange gardien » veillant sur nous, le chrétien voyage, pour ainsi dire, en première classe, assuré de la protection et de l'assistance maximum de la divinité.

B. La victoire par Dieu qui agit en notre faveur —
Romains 8.28-31

Le 28° verset du chapitre huit est un texte favori de la majorité des chrétiens, à l'égal du 16° verset du troisième chapitre de l'Évangile selon Jean. La version *Segond* rend le texte ainsi : « Toutes choses concourent au bien de ceux qui aiment Dieu, de ceux qui sont appelés selon son dessein. » Cette version semble mettre l'accent sur les circonstances qui finalement tourneront en faveur de ceux qui aiment Dieu. Mais la version *Bonne Nouvelles Aujourd'hui* attire plutôt l'attention sur l'œuvre de Dieu en notre faveur, en traduisant le texte comme suit : « Nous savons que Dieu travaille en tout pour le bien de ceux qui l'aiment, de ceux qui sont appelés selon son plan. » Les circonstances nous sont souvent défavorables, mais nous nous confions en Dieu qui est le maître de toutes circonstances. Au fort du combat, nous pouvons compter sur la victoire à cause de son nom.

Ce n'est donc pas sans raison que l'apôtre peut s'écrier : « Si Dieu est pour nous, qui peut être contre nous » (Romains 8.31b, *Bonnes Nouvelles Aujourd'hui*).

Quant à l'appel de Dieu, nous ne devons pas croire que Dieu appelle quelques-uns et rejette tout bonnement les autres. « il y a beaucoup d'appelés, mais peu d'élus » (Matthieu 22.14). De sorte que nous devons continuer à nous maintenir en Christ afin de pouvoir bénéficier de la grâce et de la gloire à venir. « Et mon juste vivra par la foi ; mais, s'il se retire, mon âme ne prend point plaisir en lui » (Hébreux 10.38).

Oui, Dieu est pour nous ; il a le pouvoir— lui seul — de changer le mal que les autres projettent contre nous en bien (Genèse 50.20). Et c'est avec raison et confiance que l'auteur des Proverbes pouvait écrire : « Quand l'Éternel approuve les voies d'un homme, il dispose favorablement à son égard même ses ennemis » (Proverbes 16.7).

C. Plus que vainqueurs par Jésus-Christ — Romains 8.37-39

Les deux derniers versets du chapitre huit sont comme un alléluia à la gloire de Dieu qui donne la victoire. (Le moniteur pourrait les faire répéter à haute voix par toute la classe.)

« Plus que vainqueurs », est une expression qui dénote quelque chose de plus exaltant qu'un simple victoire sur un champ de bataille. Être plus que vainqueur, c'est non seulement vaincre, mais dominer définitivement.

En vue des choses à venir et du règne glorieux de Christ, l'apôtre nous invite à partager sa certitude que rien — y compris la mort et la vie, le présent et le passé ni le futur, les gens et les démons — ne peut nous enlever l'assurance de l'amour de Dieu manifesté en Jésus-Christ, notre Seigneur.

William Barclay, dans son commentaire sur ce passage déclare : « Dans la vie, nous vivons avec Christ ; dans la mort, nous mourons avec lui ; et parce que nous mourons avec lui, nous ressuscitons aussi avec lui ; et la mort, loin d'être une séparation, n'est qu'une étape pour nous conduire en sa présence. » Concernant la *hauteur* et la *profondeur*, Barclay explique : « Ce sont là des termes astrologiques. Les anciens croyaient que chaque personne était née sous une certaine étoile qui marquait sa destinée. Certains aujourd'hui encore croient à cela. La *hauteur* se rapporte au point où l'étoile est à son zénith, au moment où son influence est la plus grande. La *profondeur* se rapporte au point où l'étoile était à son degré le plus bas, prête à se lever et à déposer son influence sur une personne. »

Le chrétien n'a point besoin de consulter les horoscopes, car *rien* ne peut le séparer de l'amour de Dieu manifesté en Jésus-Christ. Alléluia !

Questions à discuter :

- *Dans quel sens « toutes choses concourent au bien de ceux qui aiment Dieu » ?*

- *Quelle doit-être, à l'égard des horoscopes, l'attitude du chrétien qui attend la victoire en Jésus-Christ ? (voir Deutéronome 4.19 ; 18.10.)*

Leçon 8

ENTENDRE ET CROIRE

PASSAGE BIBLIQUE SUR LA LEÇON
Romains 10.8-21

VERSET À RETENIR
Si tu confesses de ta bouche le Seigneur Jésus, et si tu crois dans ton cœur que Dieu l'a ressuscité des morts, tu seras sauvé » (Romains 10.9).

BUT DE LA LEÇON
Souligner l'importance de notre réponse personnelle à l'Évangile et de notre témoignage aux autres concernant la Bonne Nouvelle.

INTRODUCTION
Les enfants d'Israël ont été choisis par Dieu pour porter son nom auprès des autres nations. C'était là un privilège. Mais les Israélites se sont détournés de Dieu pour servir les faux dieux des nations païennes. En conséquence, les Israélites ont été envahis par des nations ennemies qui les ont amenés en captivité. Et l'adoration du vrai Dieu fut délaissée.

Jacques, au cours de la conférence de Jérusalem, déclara alors : « Hommes frères, écoutez-moi ! Simon a raconté comment Dieu a d'abord jeté les regards sur les nations pour choisir du milieu d'elles un peuple qui portât son nom … afin que le reste des hommes cherche le Seigneur, ainsi que toutes les nations sur qui mon nom est invoqué, dit le Seigneur » (Actes 15.14, 17).

Ainsi, avec la venue de Jésus-Christ, toutes les nations de la terre sont invitées à bénéficier du salut. Car, nous dit l'apôtre Jean, « à tous ceux qui l'ont reçue [la Parole, Christ], à ceux qui croient en son nom, elle a donné le pouvoir de devenir enfants de Dieu » (Jean 1.12).

Cette nouvelle alliance, par le sang de Jésus, est l'accomplissement de la promesse faite par Dieu, des milliers d'années auparavant, à Abraham : « Toutes les nations de la terre seront bénies en ta postérité … »

(Genèse 22.18). C'est dans cette perspective que nous allons considérer les trois points suivants de notre leçon :

I. L'appropriation de l'Évangile — Romains 10.8-13

II. La communication de l'Évangile — Romains 10.14-15

III. L'abandon de l'Évangile — Romains 10.16-21

L'APPROPRIATION DE L'ÉVANGILE
Romains 10.8-13

A. Les moyens — Romains 10.8-11

En considérant les moyens d'appropriation de l'Évangile, Paul cite Deutéronome 30.14 duquel il tire trois points importants :

1. *La proximité de l'Évangile — Romains 10.8.* « La parole est près de toi, dans ta bouche et dans ton cœur. » Aux versets 6 et 7, Paul explique qu'il n'est pas nécessaire d'aller au ciel pour chercher Christ, car il s'est incarné. De même, point n'est besoin d'aller au séjour des morts pour trouver Christ, car il est ressuscité. L'Évangile est donc près de nous ; il s'agit pour nous de l'approprier.

2. *La confession de la bouche — Romains 10.9a.* L'appropriation de l'Évangile se fait par la confession verbale que Jésus est Seigneur. Une telle confession atteste de la divinité de Jésus-Christ (comparez les textes suivants : Matthieu 16.16 ; Jean 11.27 ; Jean 20.28 ; Actes 8.37 ; Philippiens 2.11). Jésus a dit qu'on ne doit pas garder une lampe sous le boisseau, mais qu'on la placer dans un lieu élevé pour qu'elle puisse éclairer (Matthieu 5.15). La confession de la seigneurie de Jésus doit être un témoignage public. Prendre position publiquement pour Christ est une étape très importante.

3. *Croire du cœur — Romains 10.9b-10.* Le texte du Deutéronome dit que la parole est près de toi, dans ta bouche et *dans ton cœur.* Nous sommes conviés à croire dans notre cœur que Dieu a ressuscité Christ d'entre les morts. Cela renforce notre confession de la bouche qui est plus qu'une simple formalité, mais résulte d'une conviction personnelle de la réalité du message de l'Évangile.

Les premiers chrétiens considéraient la mort et la résurrection de Christ comme les deux faces d'une même pièce de monnaie. Quand deux d'entre eux se rencontraient, l'un disait : « Christ est ressuscité ! » alors que l'autre répondait : « il est certainement ressuscité ! »

La justification, nous dit Paul au verset 10, est pour ceux qui croient de tout leur cœur, et le salut est pour ceux qui confessent de leur bouche. Ainsi donc, je m'approprie les bénéfices de la mort de Christ lorsque je reconnais sa divinité et sa seigneurie, et que je place ma foi et ma confiance en lui.

B. Les bénéficiaires — Romains 10.11-13

Paul cite une fois de plus l'Ancien Testament (Ésaïe 28.16) pour montrer que celui qui croit en Jésus ne sera point confus. Le mot clé ici est *quiconque*. C'est le même mot utilisé en Jean 3.16.

Cela semble être un paradoxe. D'un côté le salut est offert à tous, tandis que de l'autre seuls ceux qui croient du cœur et confessent de la bouche en bénéficieront. C'est comme le chèque payable au porteur qui doit l'endosser avant de pouvoir recevoir la valeur en espèces. Christ est mort pour tous, mais tous ne sont pas automatiquement justifiés, parce que tous ne croient pas en Christ et tous ne mettent pas leur confiance en lui.

Question à discuter :

- *Quels sont les moyens par lesquels les mérites de l'Évangile peuvent être appliqués à moi personnellement ?*

II. LA COMMUNICATION DE L'ÉVANGILE
Romains 10.14-15

Nous avons ici le processus par lequel les hommes passent de l'ignorance concernant Jésus-Christ à la participation personnelle aux bénéfices de sa mort expiatoire.

A. Invoquer — Romains 10.14a

Quiconque peut recevoir les bénéfices du sacrifice de Christ s'il invoque le nom du Seigneur. Dieu ne refusera jamais d'écouter celui qui s'adresse à lui. Jésus lui-même a dit : « Je ne mettrai pas dehors celui qui vient à moi » (Jean 6.37b).

B. Croire — Romains 10.14a

L'écrivain de l'épître aux Hébreux nous rappelle que « celui qui s'approche de Dieu doit *croire* que Dieu existe » (11.6, *Bonnes Nouvelles Aujourd'hui*). On ne va pas chez un médecin si on ne lui fait pas confiance. De même, personne n'invoquera le Seigneur à moins d'avoir cru en son cœur dans la divinité de Jésus, dans la réalité de sa résurrection et dans les vertus expiatoires de sa mort sacrificielle. Le salut est offert à tous, mais seuls ceux qui croient peuvent le recevoir. Car « comment invoqueront-ils celui en qui iis n'ont pas cru » ?

C. Entendre — Romains 10.146

Mais croire implique que l'on a d'abord entendu le message de l'Évangile. C'est pourquoi Paul s'exclame : « Comment croiront-ils en celui dont ils n'ont pas entendu parler ? »

Ceux qui n'ont pas entendu parler de Jésus, vivent souvent tout près de nous. Écouter des oreilles n'est pas la même chose qu'entendre dans son cœur et comprendre. Mais celui qui croit dans son cœur le message de l'Évangile qu'il a entendu sera sauvé. Comme dit le texte de l'Apocalypse : « Que celui qui entend dise : Viens et que celui qui a soif vienne ; que celui qui veut prenne de l'eau de la vie gratuitement » (Apocalypse 22.17).

D. Prêcher — Romains 10.14c

La Parole de Dieu ne peut être entendue à moins d'être prêchée — que ce soit en public ou en privé. Nous pouvons donc parler de la proclamation de la Bonne Nouvelle. Nous devons prêcher Christ crucifié afin que tout être humain puisse entendre et qu'en entendant ii puisse croire, et qu'en croyant il puisse invoquer le Seigneur (voir 1 Corinthiens 1.23).

E. Envoyer—Romains 10.15

« Et comment y aura-t-il des prédicateurs, s'ils ne sont pas envoyés. » le mot traduit par *envoyé* est de la même famille que celui traduit par *apôtre*. Les apôtres ont été choisis par le Seigneur qui a dit, par ailleurs : « Ce n'est pas vous qui m'avez choisi ; mais moi, je vous ai choisis » (Jean 15.16).

Le message devrait être prêché par des messagers sur qui reposent le sceau de l'Esprit. L'Église peut envoyer, mais cela ne suffit pas. Car si le Seigneur lui-même n'envoie pas, ceux qui vont par la volonté de l'homme se rendent en vain. Il est vrai que de toute façon le message est annoncé (Philippiens 1.18) ; mais un faux messager annonce souvent un message tronqué.

Ce passage concerne aussi l'envoi de chrétiens dans les pays lointains. Paul et Barnabas étaient des missionnaires. Ils ont été choisis par l'Esprit pour aller annoncer aux nations la Bonne Nouvelle (Actes 13.2).

Questions à discuter :

- *Quels sont les divers moyens par lesquels le message de l'Évangile est communiqué ?*
- *Pourquoi est-il important d'avoir des prédicateurs envoyés par Dieu ?*

III. L'ABANDON DE L'EVANGILE

Romains 10.16-21

« Mais tous n'ont pas obéi à la bonne nouvelle » (Romains 10.16). Paul considère ici la position des Juifs à qui l'Évangile a été annoncé premièrement, mais qui ont préféré rejeter le messager et son message.

Paul se pose deux questions concernant cette attitude négative. N'ont-ils pas entendu ? N'ont-t-ils pas compris ? La réponse est négative dans les deux cas.

A. Le paradoxe des Juifs — Romains 10.20-21

Paul cite Ésaïe 65.1 pour faire comprendre que Dieu a été trouvé par ceux qui ne le cherchaient pas, mais que ceux qui semblaient le chercher ne L'ont pas trouvé. Pourquoi ?

Dans l'épître aux Romains 9.31 à 10.4, Paul explique pourquoi le Juifs n'ont pas trouvé Dieu.

1. Ils ont cherché Dieu par les œuvres (Romains 9.32), par leur propre justice (Romains 10.3).

2. Ils se sont heurtés par leur incrédulité à Christ comme à une pierre d'achoppement (Romains 9.32-33).

3. Ils avaient un zèle mal dirigé (Romains 10.2-3).

4. Ils étaient rebelles et obstinés (Romains 10.21).

De nos jours, les gens soi-disant religieux se heurtent à ces mêmes problèmes qui tes empêchent de trouver Dieu. S'ils sont sincères dans leur quête de Dieu, ils laisseront l'Esprit de Dieu les diriger vers la vérité en dépit des traditions qui les porteraient à résister à tout changement.

B. le paradoxe des païens — Romains 10.20-21

« J'ai été trouvé par ceux qui ne me cherchaient pas, je me suis manifesté à ceux qui ne me demandaient pas » (Romains 10.20). Le paradoxe ici c'est que Dieu prouve son amour en ce que lorsque nous étions des pécheurs Christ est mort pour nous (Romains 5.8). Il ne faut pas croire que Dieu s'est intéressé aux autres à cause de l'incrédulité des Juifs. L'Évangile a été présenté d'abord aux Juifs parce que le messager de la nouvelle alliance a pris naissance parmi les Juifs.

Mais le salut qui nous est offert, bien qu'il soit gratuit, doit être accepté par nous pour qu'il ait son plein effet. Autrement, nous nous trouverons dans la même situation que les Juifs.

C. La condition des Juifs aujourd'hui

Il ne faut pas croire que Dieu a rejeté définitivement les Juifs. Le salut étant offert à tous, eux aussi y sont inclus. Toutefois, ils doivent accepter le message du salut en Jésus-Christ pour que Dieu puisse les accepter dans l'intimité de sa grâce et de son amour.

Non, Dieu n'a pas rejeté les Juifs. Paul le montre clairement en Romains 11.1-6. Aujourd'hui, il y a plusieurs organisations religieuses intéressées à l'évangélisation des Juifs. Et beaucoup de Juifs sont devenus chrétiens grâce aux efforts de ces organisations. Ce n'est pas une œuvre facile, à cause des traditions ancestrales basées sur une observance pharisaïque de la Loi.

Dans la leçon suivante, nous considérerons le plan de Dieu concernant Israël.

Questions à discuter :

- *La nature universelle de l'Évangile signifie-t-elle que le salut est automatique ?*
- *Les Juifs sont-ils soumis aux mêmes conditions de salut que les non Juifs ? Pourquoi ?*

Leçon 9

LE PLAN DE DIEU POUR ISRAËL

PASSAGES BIBLIQUES SUR LA LEÇON
Romains 9.1-18 ; 11.25-36

VERSET À RETENIR
« Ô profondeur de la richesse, de la sagesse et de la science de Dieu !
Que ses jugements sont insondables, et ses voies incompréhensibles ! »
(Romains 11.33).

BUT DE LA LEÇON
Considérer le plan général de Dieu pour Israël et découvrir sa
signification pour notre vie.

INTRODUCTION
Dans sa considération du problème du péché et de la désobéissance,
Paul a déclaré que « Dieu a renfermé tous les hommes dans la désobéissance, pour faire miséricorde à tous » (Romains 11.32). C'est un texte
très significatif en ce qu'il nous fait comprendre que les Juifs n'ont pas
été choisis par Dieu en fonction de leur mérite personnel, mais à cause
de son dessein de rendre le salut disponible à tous les hommes.

Tout a commencé avec Abraham à qui Dieu fit une double promesse : la première partie de la promesse concernait la nation d'Israël
(Genèse 13.15 ; 15.18), la seconde partie concernait toutes les nations
de la terre (Genèse 17.4-5 ; 18.18). La relation du peuple d'Israël avec
Abraham était à la fois un privilège et une responsabilité. Il devait servir
de modèle aux autres nations, dans l'attente de la venue du Messie
promis immédiatement après la chute de l'homme (Genèse 3.15).

Mais Israël se laissa entraîner par l'orgueil à cause de sa position
privilégiée, et l'orgueil entraîna ta désobéissance. Cela provoqua son
rejet par Dieu. C'est pourquoi Paul peut écrire : « J'appellerai mon
peuple celui qui n'était pas mon peuple, et bien-aimée celle qui n'était
pas la bien-aimée » (Romains 9.25). En agissant ainsi à l'égard des
autres nations, Dieu accomplissait la deuxième partie de la promesse

faite à Abraham, à savoir qu'en Abraham toutes les nations de la terre seront bénies.

Mais Israël n'est pas rejeté à toujours. Le dessein de Dieu est qu'Israël soit sauvé selon le plan du salut en Jésus-Christ. Trois points sont à considérer :

I. La gloire initiale d'Israël — Romains 9.1-5

II. Le Dieu souverain d'Israël — Romains 9.6-18

III. La rédemption finale d'Israël— Romains 11.25-36

LA GLOIRE INITIALE D'ISRAËL

Romains 9.1-5

Paul commence sa discussion en exprimant la tristesse de son âme à cause de l'état de perdition du peuple d'Israël. À l'instar de Moïse, il voudrait s'offrir en sacrifice pour le bonheur de ses frères dans la chair (voir Exode 32.32).

L'apôtre note ensuite la gloire antique d'Israël, les Israélites étaient adoptés comme « le peuple » de Dieu. Ils ont été conviés à une alliance spéciale, dont le point focal — les dix commandements — est considéré dans l'histoire de l'humanité comme le code de conduite le plus parfait que l'homme ait jamais connu. Ils ont été témoins de la gloire de Dieu et des diverses manifestations de sa puissance miraculeuse. Ils avaient le privilège d'adorer le vrai Dieu dans son saint Temple. Ils étaient les dépositaires des promesses de Dieu. Par-dessus tout, ils savaient — même sans en mesurer toutes les implications — que le Messie naîtrait parmi eux.

Quel héritage glorieux ! Et pourtant, malgré tout cela, les descendants directs d'Abraham répétèrent l'erreur commise au cours de la traversée du désert, après leur libération de l'oppression égyptienne. Ils délaissèrent graduellement le culte du vrai Dieu en faveur de l'idolâtrie. Une telle attitude attrista l'Éternel qui les abandonna au pouvoir de leurs ennemis. Ils furent amenés en captivité à plusieurs reprises et finalement furent éparpillés à travers toutes les nations.

Ce qui arriva aux Israélites peut arriver à nous chrétiens qui vivons sous la nouvelle alliance. L'apôtre Paul nous recommande de veiller à ne pas trébucher et retomber dans notre situation d'antan (1 Corinthiens 10.13). Par ailleurs il nous avertit que ce qui est arrivé aux habitants d'Israël et de Juda devrait nous servir d'exemples, afin que nous ne suivions pas leur attitude de rébellion (1 Corinthiens 10.1-12).

Questions à discuter :

- *De quels privilèges jouissaient les Israélites en tant que « peuple choisi » ?*
- *Qu'est ce qui causa leur défaveur aux yeux de Dieu ?*

II. LE DIEU SOUVERAIN D'ISRAËL

Romains 9.6-18

A. Les divers sens du mot Israël

Considérons tout d'abord le mot Israël dans ses divers contextes, afin de mieux appréhender la souveraineté de Dieu.

1. *Israël, le patriarche.* Isaac avait deux fils, Ésaü et Jacob. Dieu changea le nom de *Jacob,* qui signifie « trompeur », en celui d'*Israël,* qui signifie « lutter avec Dieu » (voir Genèse 32.28). ses descendants furent connus sous le nom de « peuple d'Israël ».

Mais Paul fait remarquer que tous ceux qui descendent d'Israël ne font pas nécessairement partie de la vraie nation d'Israël, car les vrais enfants de Dieu le sont non selon la chair, mais selon la promesse faite à Abraham, notre père dans la foi (Romains 9.6-8 ; Hébreux 11.8-12).

2. *Israël, la nation.* Les descendants de Jacob formèrent la nation d'Israël, après leur entrée en Canaan, la nation moderne qui occupe une grande partie de la Palestine aujourd'hui s'appelle aussi Israël.

3. *Israël, le reste.* En Romains 9.7-8, Paul fait comprendre que tous les descendants d'Abraham ne font pas nécessairement partie de sa postérité. Le Dr Greathouse commentant ce passage écrit : « Israël n'est pas un terme comme Grèce ou Rome ; Israël n'est pas créé par le sang ou le sol, mais par la promesse de Dieu. Dieu est libre de déclarer qui est Israël. » Israël c'est le *reste* au sein du peuple qui demeure fidèle à Dieu, ce reste qui garde son alliance.

4. *Le nouvel Israël.* Le terme Israël se réfère enfin à tous les païens qui ont accepté la nouvelle alliance de Dieu en Jésus-Christ. En ce sens, l'Église s'identifie à « l'Israël de Dieu ». (voir Romains 2.28-29 ; 3.28-29 ; Galates 6.16.)

B. Le Dieu souverain — Romains 9.14-18

Considérant la souveraineté de Dieu, Paul cite un passage de l'Exode où Dieu dit à Moïse : « Je ferai miséricorde à qui je fais miséricorde, et j'aurai compassion de qui j'ai compassion » (Romains 9.15 ; Exode 33.19). Une telle déclaration suscite la question suivante : Pourquoi Dieu blâme-t-il si tout est selon sa volonté ? (Romains 9.19). La réponse se retrouve sous les aspects suivants :

1. *La souveraineté divine.* Nous n'avons aucun droit, à la vérité, de nous interroger sur les décisions divines — nous dit Paul — tout comme l'argile ne saurait mettre en question la décision du potier (9.20). Dieu est Dieu et nous ne sommes que ses créatures.

2. *Des nations, non des personnes.* Une autre aspect de la réponse se retrouve dans l'usage du mot Israël. Paul utilise le mot dans son sens national. Dieu a choisi de mettre à part la nation d'Israël comme son peuple spécial, en vue de la rédemption de toutes les nations.

3. *Rejetés à cause de leur propre rejet.* Le troisième aspect de la réponse concerne le fait que les descendants d'Abraham et de Jacob ont rejeté Dieu. Le passage de Romains 9.30 à 10.21 traite de l'incrédulité des enfants d'Israël. C'est pourquoi Paul déclare qu'ils ont été retranchés pour cause d'incrédulité (Romains 11.20). Le rejet par Dieu n'était pas une décision arbitraire de sa volonté, mais une décision de sa justice.

4. *La responsabilité de l'homme.* Dieu est souverain, mais il n'est pas despote. Il a toute puissance, mais il n'est pas cruel. Il peut tout, mais il ne tente personne (Jacques 1.13).

Ainsi, le dernier aspect de la réponse concerne la responsabilité de l'homme. Dieu est souverain, mais l'homme à la responsabilité d'exercer sa propre foi. Le salut vient par la grâce de Dieu, mais nous le recevons par le moyen de la foi (Éphésiens 2.8-9). Lorsque nous disons que Dieu est souverain, nous devons croire qu'il est souverainement bon et aimant, ne désirant point qu'aucun périsse, mais que tous soient sauvés et parviennent à la connaissance de la vérité (1 Timothée 2.4).

Questions à discuter :

- *Dans quel sens l'Église représente-t-elle « l'Israël de Dieu » ?*
- *Comment la souveraineté de Dieu et notre responsabilité de choisir sont-elles compatibles ?*

III. LA RÉDEMPTION FINALE D'ISRAËL

Romains 11.25-36

Au début de cette leçon, nous avons parlé de la tristesse de l'apôtre Paul à cause de l'incrédulité de ses frères en la chair, le peuple juif (Romains 9.2). « le vœu de mon cœur, dit-il, et ma prière à Dieu pour eux, c'est qu'ils soient sauvés » (Romains 10.1).

Au chapitre 11, Paul explique en détail la destinée d'Israël : son rejet, son endurcissement, l'entrée des païens dans le royaume et la rédemption finale d'Israël.

Cette rédemption se fait par Jésus-Christ qui a vécu parmi les descendants d'Israël sur la terre, mais qui a été rejeté par la plupart d'entre eux (Jean 1.11). Il faut quand même noter que plusieurs d'entre les Juifs l'ont reconnu comme le Messie et l'ont accepté comme leur Sauveur. Les 120 dans la chambre haute étaient en grande partie d'origine juive. Ils formaient le noyau de la première Église.

Mais, sur une plus grande échelle, Dieu veut ramener les enfants d'Israël à lui. Pour bien comprendre ce désir de Dieu de ramener les Israélites à lui, il faut se reporter au livre du prophète Osée. À l'époque où le prophète se mettait à prophétiser, le peuple de Dieu était divisé en deux nations : Israël et Juda. Dieu n'était pas content avec l'attitude de ses enfants. Aussi, quand la fille du prophète naquit, Dieu lui dit de lui donner le nom de Lo-Ruchama qui signifie *celle dont on n'a pas pitié*. Puis, quand son fils naquit, le prophète lui donna le nom de Lo-Ammi qui signifie *non mon peuple*.

Mais à la fin de son livre (Osée 14.4), le prophète reçoit les paroles suivantes de l'Éternel : « Je réparerai leur infidélité, j'aurai pour eux un amour sincère ; car ma colère s'est détournée d'eux. Je serai comme la rosée pour Israël. »

Le dessein de Dieu s'est donc accompli en plusieurs étapes.

1. Les Israélites ont été choisis pour servir de modèle, afin d'attirer les autres nations.

2. Les Israélites, s'étant détournés de Dieu, ont été rejetés et la voie du salut a été ouverte aux gentils avec la venue de Jésus-Christ, Sauveur du monde.

3. Les Juifs sont invités à nouveau à rentrer au bercail. Ils deviennent aux yeux de Dieu *Ruchama* (celle dont on a pitié) et *Ammi*, c'est-à-dire « mon peuple ».

« Car Dieu a renfermé tous les hommes dans la désobéissance, pour faire miséricorde à tous » (Romains 11.32). Paul termine donc le chapitre 11 en remettant tout à Dieu : « C'est de lui, par lui et pour lui que sont toutes choses. À lui soit la gloire dans tous les siècles ! Amen ! » (Romains 11.36).

L'expression « tout Israël sera sauvé » ne signifie pas que tous ceux qui sont descendants d'Israël (Jacob) seront automatiquement sauvés (voir Romains 9.7-8) ; elle signifie plutôt que tous — Juifs, Grecs, etc. auront la possibilité de répondre à l'appel de Dieu. Le salut est offert à tous, mais tous ne le reçoivent pas. Comme a dit Moïse en Deutéronome : « Choisis la vie, afin que tu vives, toi et ta postérité » (Deutéronome 30.19b). Cette vie dont il parle est en Jésus-Christ seul qui est le chemin, la vérité et la vie (Jean 14.6).

Considérant tout ce que nous venons de voir, il est bon de répéter le verset à retenir :

Ô profondeur de la richesse, de la sagesse et de la science de Dieu ! Que ses jugements sont insondables, et ses voies incompréhensibles ! (Romains 11.33).

Lecture supplémentaire à la leçon 9

UNE VUE WESLEYENNE
DE LA SOUVERAINETE DE DIEU

« Qui est vraiment en charge ici ? Qui ou quoi décide dans quel sens va l'histoire ? Est-ce le hasard, une loi aveugle, le dessein de l'homme ou plutôt Dieu qui est à la fois le Créateur et le Gouverneur de l'univers ? »

De telles questions et d'autres du même genre ont été débattues depuis que les hommes se sont mis à penser sur les grandes questions de la vie.

Une étude de l'épître aux Romains révèle la réponse biblique. La direction finale de la destinée humaine n'est pas décidée par l'évolution, les caprices du hasard, l'effort humain seul, mais par la volonté suprême du Dieu vivant.

C'est ce que les théologiens appellent la souveraineté de Dieu. Il devient particulièrement crucial selon l'enseignement de Paul sur la Providence, au chapitre huit de l'épître aux Romains, et dans ses considérations sur la prédestination et l'élection aux chapitres neuf à onze de ce même épître. Dieu n'est pas, pour Paul, le « Président honoraire de l'univers ». Il règne vraiment sur les affaires humaines.

Tous les chrétiens orthodoxes croient à cela Dans le langage formel du credo historique, l'Église a toujours affirmé la croyance en un « Dieu existant éternellement, infini, souverain de l'univers ».

être souverain signifie être suprême en puissance, posséder la domination suprême, être au-dessus de toute influence et de tout contrôle de l'extérieur. Un souverain est un monarque de rang, d'autorité et de pouvoir suprêmes. Il est au-dessus de tous les autres en caractère, en importance ou en excellence.

Que Dieu est souverain de toutes ces manières, cela est une vérité qui se retrouve à travers toute la Bible, de la Genèse à l'Apocalypse. Cette souveraineté n'est pas mise en question. Ce n'est que lorsque nous essayons d'appliquer cette vérité dans le contexte des circonstances changeantes de notre vie et du fait de la liberté et de ta responsabilité humaine que l'on commence à se poser des questions. Sur ce sujet les théologiens se divisent en deux principaux camps.

Beaucoup de théologiens suivent les raisonnements d'Augustin et de Calvin. Ils enseignent que Dieu préordonne tout ce qui se passe et prédestine les humains, soit pour le ciel soit pour l'enfer, en dehors de toute réponse ou action de leur part.

Une telle position ne pouvait pas rester sans être attaquée. Parmi ceux qui l'ont mis en question, il convient de nommer Jacques Arminius et John Wesley. Il était évident pour eux qu'une telle idée de la souveraineté de Dieu conduirait à des conclusions totalement éloignées tant des Écritures que de la conscience chrétienne.

Si Dieu vraiment préordonne tout ce qui se passe, alors il détermine directement non seulement tout ce qui est bien, mais aussi tout ce qui est mal et nuisible. Mais la Bible enseigne que le mal et le péché humain ne sont pas les résultats de la volonté de Dieu, mais résulte directement de la rébellion contre sa volonté.

En contraste avec le déterminisme de la position calviniste de la souveraineté de Dieu, Wesley a enseigné que Dieu permet des choix et des événements qui ne sont pas selon son dessein. Il permet ce qu'il ne désire pas personnellement. C'est parce qu'il a créé les anges et les êtres humains avec la liberté du choix entre ce qui est juste et ce qui est injuste, ce qui est bon et ce qui est mal.

Le modèle biblique de la souveraineté n'est pas celui d'un marionnettiste tirant les ficelles pour faire danser ses marionnettes ou celui d'un fabriquant de robot. C'est celui d'un roi suprême qui gouverne et cherche à gagner la loyauté des sujets qui, en dépit de tout, se rebellent contre lui (Psaumes 10.16 ; 24.7-9 ; 29.10 ; 47.3 ; Ésaïe 6.5 ; 33.22 ; 1 Timothée 1.17 ; 6.15 ; Apocalypse 17.14 ; 19.16).

Dans sa souveraineté, Dieu a décrété que ceux qu'il a créé à son image doivent choisir le maître qu'ils voudraient servir. Il établit les conséquences des divers choix. Personne ne peut les changer. Mais les choix sont nôtres.

Nous pouvons choisir la semence que nous désirons planter, mais la récolte que nous obtiendrons est liée à la semence (Galates 6.7-8). Nous pouvons choisir le chemin que nous désirons prendre, mais la destination est décidée dans la souveraineté de Dieu (Matthieu 7.13-14).

Paul dit que Dieu « fait miséricorde à qui il veut, et il endurcit qui il veut » (Romains 9.18). Mais il dit aussi, en accord avec toute la Bible, que ceux sur qui Dieu veut exercer la miséricorde sont ceux qui reçoivent son Fils comme leur Sauveur et Seigneur (Romains 10.8-13). Ceux qui rejettent Christ sont ceux qui sont endurcis.

Le point de vue de la souveraineté de Dieu qui s'harmonise avec toute la Bible, et non avec quelques versets choisis et isolés, affirme que Dieu a prédestiné à la vie éternelle tous ceux qui reçoivent le Seigneur Jésus-Christ comme leur Sauveur. Il a choisi de sauver tous ceux qui répondent à son appel. C'est cette Bonne Nouvelle que nous devons prêcher à tous.

Dieu est le souverain Seigneur de tout. Il est en charge. Il décide les questions de la vie humaine. Mais il le fait en considération de ta liberté qu'il a donné à ceux qui sont créés à son image.

Dans les limites de chaque vie humaine, « nous savons que Dieu travaille en tout pour le bien de ceux qui l'aiment, de ceux qu'il a appelés selon son plan » (Romains 8.28, *Bonnes Nouvelles Aujourd'hui*). Ce n'est pas que tout aille bien ici-bas. Certaines choses ne sont pas bonnes. Certaines choses sont l'œuvre d'hommes méchants. Mais en tout, le Seigneur souverain de tout travaille pour le bien des Siens. C'est ce que nous entendons par la souveraineté de Dieu dans les questions pratiques de la vie quotidienne.

—Westlake T. Purkiser

Leçon 10

VIVRE UNE VIE SAINTE

PASSAGE BIBLIQUE SUR LA LEÇON
Romains 12.1-21

VERSET À RETENIR
« Ne vous conformez pas au siècle présent, mais soyez transformés par le renouvellement de l'intelligence, afin que vous discerniez quelle est la volonté de Dieu, ce qui est bon, agréable et parfait » (Romains 12.2).

BUT DE LA LEÇON
Exhorter à un engagement total et décrire en quoi consiste la vie chrétienne.

INTRODUCTION

Dans les onze premiers chapitres de l'épître aux Romains, Paul souligne à plusieurs reprises que le salut s'obtient par la grâce, par le moyen de la foi et que cela vaut tant pour les Juifs que pour les autres peuples. Au chapitre douze, il invite le croyant à faire l'expérience d'une vie chrétienne sanctifiée.

Pour l'apôtre, la vie chrétienne sanctifiée ne signifie pas se retirer dans un monastère ou un couvent et éviter dès lors de prendre contact avec ses semblables. Elle est plutôt une vie vécue là où nous sommes, mais avec des motifs purs. C'est une vie consacrée à Dieu et à son service. C'est une vie différente, non par notre éloignement physique, mais par le changement d'attitude qui caractérise une vie mise à part pour Dieu. Notre foi trouve son expression la plus authentique dans la sainteté du cœur et de la vie.

Nous considérerons dans cette leçon les trois aspects suivants :

I.   La consécration de notre corps — Romains 12.1-2

II. Notre place dans son corps — Romains 12.3-3

III. Notre amour pour tous — Romains 12.9-21

I. LA CONSÉCRATION DE NOTRE CORPS

Romains 12.1-2

« Je vous exhorte *donc*, frères, par les compassions de Dieu, à offrir vos corps ... » (Romains 12.1). Le mot « donc » se réfère à tout ce que l'apôtre a dit dans les onze premiers chapitres concernant le salut par la grâce et par la foi. C'est comme si l'apôtre disait : Étant donné que Dieu a offert son Fils en sacrifice pour votre libération du péché, offrez à votre tour votre corps « comme un sacrifice vivant, saint, agréable à Dieu ».

Deux éléments importants sont à considérer dans l'exhortation de l'apôtre :

A. La consécration à Dieu

Le mot traduit par corps indique la totalité de l'être. Il ne s'agit pas d'offrir simplement nos membres pour être crucifié, mais plutôt tout notre être à Dieu.

Notez qu'il s'agit d'un sacrifice vivant. Cette idée de sacrifice vivant doit être comprise en fonction de Romains 6.11-13, où l'apôtre nous fait comprendre que nous devons mourir au péché et vivre pour Dieu en Jésus-Christ ; que nous devons offrir nos membres à Dieu comme des instruments de justice

L'homme n'est pas sans son corps ; et lorsque le cœur a fait la paix avec Dieu, tout notre être — l'esprit, l'âme et le corps — est mis à sa disposition. Paul fait remarquer au chapitre six : « Mais maintenant, étant affranchis du péché et devenus esclaves de Dieu, vous avez pour fruit la sainteté et pour fin la vie éternelle » (Romains 6.22).

Le culte ou l'adoration à rendre à Dieu est raisonnable ou logique en ce sens qu'il n'est pas une adoration formelle, extérieure une fois par semaine, mais une adoration véritable qui engage l'homme tout entier dans chaque aspect de sa vie quotidienne.

B. Transformé par Dieu

La transformation à laquelle nous soupirons n'est pas notre œuvre, mais celle de Dieu. Nous nous offrons sincèrement et complètement à lui, et il accepte notre offrande en nous transformant à l'image de son Fils par son Saint-Esprit.

Dans sa première épître aux chrétiens de Thessalonique, Paul fait comprendre que la sanctification de notre être est l'œuvre de Dieu :

« Que le Dieu de paix vous sanctifie lui-même … » (1 Thessaloniciens 5.23).

Dans sa prière sacerdotale, Jésus exprime l'idée de notre séparation du monde et de notre présence dans le monde de façon très claire : « Je ne te prie pas de les ôter du monde, mais de les préserver du mal. Ils ne sont pas du monde comme moi je ne suis pas du monde » (Jean 17.15-16). C'est sa grâce seule qui peut nous aider à ne pas conformer notre vie « aux principes qui régissent le siècle présent ». Notre éducation, nos talents, nos ressources, notre sens moral même ne peuvent pas nous libérer complètement de l'influence nuisible des choses du monde. Il nous faut la transformation que Dieu seul accorde à ceux qui se consacrent vraiment à lui.

Question à discuter :

• *Pourquoi est-il important de nous consacrer avant d'être transformés ?*

II. NOTRE PLACE DANS SON CORPS
Romains 12.3-8

Cette section du chapitre 12 comporte des principes qui doivent guider le culte que nous rendons à Dieu.

A. Pas de faux orgueil — Romains 12.3

L'apôtre nous recommande de ne pas avoir une trop haute opinion de nous-mêmes, de ne pas nous considérer comme supérieur à nos semblables. L'orgueil nous porte à être arrogants, ce qui peut causer notre chute (Proverbes 16.18). Le croyant transformé est convié à l'humilité. « L'humilité précède la gloire » (Proverbes 18.12).

B. Membres d'un seul corps — Romains 12.4-8

Nous sommes membres du corps de Christ, et comme les membres d'un même corps nous avons des fonctions spécifiques à remplir. Comparez Romains 12.4-8 et 1 Corinthiens 12.14-28. Dans chacun des deux textes, l'apôtre attire notre attention sur le fait que tous les membres doivent travailler à l'unisson pour le bien-être du corps. Aux Corinthiens, l'apôtre dit : « Vous êtes le corps de Christ, et vous êtes ses membres, chacun pour sa part » (1 Corinthiens 12.27). Aux Romains, il dit pratiquement la même chose : « Ainsi, nous qui sommes plusieurs, nous formons un seul corps en Christ, et nous sommes tous membres les uns des autres » (Romains 12.5).

L'analogie des membres du corps est importante, en ce qu'elle nous enseigne à ne pas envier ou mépriser les autres à cause de leur position dans le corps de Christ. L'union fait la force, mais la division amène la ruine ; et c'est ce que désire l'ennemi de nos âmes.

Que chacun donc emploie le talent — quel qu'il sort — que Dieu lui confie pour le bien-être du corps de Christ. Lui qui regarde non à l'apparence, mais au cœur, saura récompenser ceux qui sont fidèles à leur tâche (Matthieu 25.21). Quelle est votre position dans le corps de Christ ? Utilisez-vous chaque jour le talent qu'il vous confie ?

Question à discuter :

- *Pourquoi l'analogie des membres du corps est-elle importante dans l'Église chrétienne ?*

III. NOTRE AMOUR POUR TOUS

Romains 12.9-21

Nous entrons ici dans le domaine de l'application des vérités énoncées auparavant. Il s'agit de l'amour en action. « Petits enfants », nous exhorte l'apôtre Jean, « n'aimons pas en paroles et avec la langue, mais en actions et avec vérité » (1 Jean 3.18).

A. L'amour authentique — Romains 12.9-10

Le mot traduit au verset neuf par « charité » (version *Segond,* 1910) et par « amour » (version *Synodale*) est un mot très spécial en grec. C'est le mot *agape,* utilisé pour décrire l'amour divin, un amour qui donne sans s'attendre à recevoir en retour. Considérons les caractéristiques dynamiques de cet amour :

1. *Il est sans hypocrisie — Romains 12.9a.* C'est un amour qui révèle ses intentions. Il est sans arrière-pensée. Il est sincère *(Bible en français courant).*

2. *Il se détourne du mal et s'attache au bien — Romains 12.9b, 21.* La version *Segond* parle d'avoir « horreur » du mal, tandis que la *Bible en français courant* parle de « détester » le mal. Il faut noter que nous devons haïr le mal, le péché, mais aimer le pécheur.

3. *Il s'intéresse vivement au bien-être des autres — Romains 12.10.* Nous sommes appelés par Dieu à nous aimer « réciproquement d'une affection tendre et fraternelle » (version *Synodale*). En agissant

ainsi, nous accomplissons le vœu du Seigneur : « Aimez-vous les uns les autres, comme je vous ai aimés » (Jean 15.12).

4. **Il bénit au lieu de maudire — Romains 12.14,17.** C'est si facile de rendre le mal pour le mal. « Coup pour coup, point de pardon », dit un proverbe païen. Notre instinct naturel nous porte à réagir dans le sens de l'action d'autrui. Mais la grâce sanctifiante de Dieu nous porte à avoir en nous « les [mêmes] sentiments qui étaient en Jésus-Christ » (Philippiens 2.5) — sentiments d'amour, de pardon.

Il n'est pas facile de pardonner et de bénir ceux qui nous font du tort ; mais si le bien doit triompher du mal, ce n'est pas par la haine mais par l'amour. Haïssons le péché, mais aimons le pécheur.

5. **Il laisse la vengeance à Dieu et exerce de la compassion — Romains 12.19-20.** Les méchants recevront à coup sûr une juste rétribution, s'ils demeurent dans leurs méchancetés. Mais c'est là l'œuvre de Dieu. Autant que cela nous est possible, nous devons être compatissant envers tous les hommes — même envers nos ennemis. « Car en agissant ainsi, ce sont des charbons ardents que tu amasseras sur sa tête » (Romains 12.20b). Aimer quelqu'un qui vous hait, lui manifester de la bonté lorsqu'il fait face à des difficultés, c'est le jeter dans la plus grande confusion possible et le plonger dans la plus grande honte. C'est en quelque sorte réduire sa haine à néant. C'est ainsi que doivent agir ceux qui se déclarent fils du Père céleste (Matthieu 5.44-46).

B. Zèle et espérance — Romains 12.11-12

Le chrétien transformé par la grâce sanctifiante ne saurait se complaire dans la paresse. Il manifeste du zèle au service de Dieu et de son royaume. Il ne s'agit pas ici d'un zèle erroné (Romains 10.2 ; Galates 1.14) qui pousse le croyant à aller au-delà des limites de ses forces et de ses ressources comme s'il désirait prendre plaisir à se faire martyr. Il s'agit plutôt d'un zèle pour les bonnes œuvres (Tite 2.14), découlant de sa croissance dans la grâce — œuvres accomplies avec joie, cette joie qui est un fruit de l'Esprit (Galates 5.22).

À ce zèle, « que donne l'Évangile de paix » (Éphésiens 6.15), s'adjoint l'espérance. Pas une vaine espérance dans les choses passagères de ce monde, mais une espérance sûre et certaine — solide et ferme « comme une ancre de l'âme » (Hébreux 6.19) au milieu des tempêtes de la vie. Le croyant transformé n'agit pas par nécessité ou par résignation, mais avec l'assurance que les promesses de Dieu d'une vie meilleure dans son royaume se réaliseront à coup sûr.

Le croyant sait qu'il est environné d'une grande nuée de témoins (Hébreux 12.1), c'est pourquoi son espérance le porte à persévérer dans la voie que le Seigneur lui a tracée dans sa sainte Parole. Cette espérance le porte à être patient « dans l'affliction » sachant que le soleil de la justice divine finira par percer les nuages du doute et de l'erreur.

Cette espérance s'unit à la foi et à l'amour pour former les trois piliers permanents de l'héritage chrétien.

Questions à discuter :

- *Citez quelques caractéristiques de l'amour authentique—l'amour agape. Pourquoi disons-nous que cet amour est dynamique ?*
- *Sur quoi est fondée l'espérance chrétienne ?*

Leçon 11

LES CHRÉTIENS — DE BONS CITOYENS

PASSAGE BIBLIQUE SUR LA LEÇON
Romains 13.1-14

VERSET À RETENIR

« Rendez à tous ce qui leur est dû : l'impôt à qui vous devez l'impôt, le tribut à qui vous devez le tribut, fa crainte à qui vous devez fa crainte, l'honneur à qui vous devez l'honneur » (Romains 13.7).

BUT DE LA LEÇON

Examiner ce que la Bible attend de nous, tant dans nos relations avec les autorités civiles que comme membres de notre communauté.

INTRODUCTION

Le 13° chapitre de l'épître aux Romains discute, entre autres choses, des relations entre le chrétien et l'État. C'est un sujet délicat et important ; car bien que nous ne soyons pas du monde, nous vivons dans le monde.

Quelqu'un a dit que le chrétien est citoyen de deux mondes. D'une part, il vit dans l'attente du retour de Christ et dans l'espérance de l'instauration du Royaume de Dieu, qui mettra fin à tous les royaumes humains marqués par l'imperfection ; mais d'autre part, il vit dans un pays donné qui est gouverné par des lois particulières, il poursuit des activités, en tant qu'être humain, dans une communauté qui a ses règles propres. Il soupire après un monde de paix et de bonheur permanent, mais il doit se rappeler chaque jour qu'il vit dans un monde en plein tumulte et en constante mutation.

Que faire alors, face à une pareille tension ? L'apôtre Paul adresse aux Romains, dans ce chapitre, des conseils judicieux qui sont du reste valables pour nous aujourd'hui, bien qu'il s'agisse pour nous de les placer dans le contexte de la société du temps de Paul pour une meilleure compréhension, et dans celle de nos sociétés modernes pour une meilleure application de leur contenu.

Nous discuterons les aspects suivants :

I. Les citoyens chrétiens soumettent à l'autorité — Romains 13.1-2, 5

II. Les citoyens chrétiens n'ont pas besoin de craindre la loi — Romains 13.3-4

III. Les citoyens chrétiens paient leurs impôts — Romains 13.6-7

IV. Les citoyens chrétiens aiment leurs prochains — Romains 13.8-10

V. Les citoyens chrétiens manifestent leur foi — Romains 13.11-14

I. LES CITOYENS CHRÉTIENS SOUMETTENT À L'AUTORITÉ

Romains 13.1-2,5

Certains pensent que ce chapitre n'est pas en harmonie avec les grands thèmes théologiques traités par Paul dans l'épître aux Romains. Rien ne peut être plus éloigné de la vérité. En effet, le problème de l'exercice de l'autorité est un thème biblique traité tant dans l'Ancien que dans le Nouveau Testament.

Le chapitre 13 fait logiquement suite au chapitre 12. Paul ayant traité des relations du chrétien avec son milieu social, il est normal qu'il discute du problème des rapports du croyant avec le gouvernement de son pays.

A. Le contexte

Remarquons que Paul écrit à l'Église située à Rome, la capitale de l'Empire romain qui règne sur plusieurs nations, y compris la Palestine. En Actes 18.2, nous lisons que l'empereur Claude pris — en l'an 49 — un décret qui interdisait les Juifs de résider dans la capitale de l'Empire. L'une des raisons était sans doute la croissance rapide de l'Église. Les chrétiens de Rome allaient faire face à beaucoup de persécutions. C'est pourquoi l'apôtre juge nécessaire de leur parler au sujet de leurs rapports avec les autorités établies à Rome.

B. Le contenu

Comment Paul considère-t-il le rapport entre l'individu et son gouvernement ?

1. *Autorité ordonnée par Dieu — Romains 13.1.* Le mot autorité est synonyme de pouvoir. Le mot grec *(exousia)* exprime l'idée de ce qui est légal, et qui se fait selon des lois établies.

a. il existe plusieurs systèmes de gouvernement, mais l'idée d'autorité vient de Dieu. Cela ne veut pas dire que tous les gouvernements établis sont des représentants de Dieu. Pas du tout. Mais il est certain qu'aucune autorité n'existe sans la permission de Dieu, autrement la souveraineté de Dieu serait gravement compromise. L'idée de gouvernement vient de Dieu pour le maintien de l'ordre et pour le développement normal des sociétés.

b. Nous lisons, par exemple, à la fin du livre des Juges : « En ce temps-là, il n'y avait point de roi en Israël. Chacun faisait ce qui lui semblait bon » (Juges 21.25). Dans une telle situation, les passions les plus débridées font la loi, et c'est un véritable sauve qui peut !

c. D'un autre côté, il existe des gouvernements qui ne sont pas l'expression de la majorité, mais plutôt des dictatures qui oppriment et abusent des peuples. Des gouvernements issus de coups d'état ou de « révolutions » rendent parfois la vie plus pénible que le système qu'ils remplacent. Hélas, l'homme est bien souvent un loup pour l'homme !

d. Enfin, Dieu se sert parfois de gens qui ne l'honorent pas directement pour accomplir ses desseins. Tel est le cas du roi Cyrus de Perse, un roi païen (Ésaïe 44.28 ; 45.1 ; voir aussi Psaume 46.11).

2. *Soumission à l'autorité gouvernementale.* Il ne s'agit pas d'une soumission passive faite de résignation, mais active qui consiste à appliquer les lois établies. Qu'en est-il des lois injustes ? Quelle doit être l'attitude du chrétien à leur égard ? Là où le système le permet, le chrétien devrait œuvrer pour que ces lois changent. Dans les pays où les gens ont le droit de voter sur des questions diverses au niveau local, départemental ou étatique, les chrétiens ont le droit et le devoir de participer au processus d'amélioration des lois concernant leurs communautés. Personne n'aimerait, par exemple, voir un homme corrompu diriger sa communauté. S'il y a un moyen légal de l'en empêcher, eh bien chacun devrait, sans violence mais fermement, participer au processus afin d'empêcher l'accession d'un tel individu. Hélas, dans beaucoup de pays, le processus n'est pas accessible à tous. D'où les « révolutions » qui se succèdent sans rien changer aux conditions de vie des peuples.

Par-dessus tout, le chrétien ne doit pas compromettre sa foi. Considérez l'exemple de Pierre et de Jean (Actes 4.19-20 ; 5.29). Menacés d'être emprisonnés s'ils persistaient à proclamer le nom de Jésus, les apôtres ont déclaré, sans ambages, que là où l'autorité civile ou militaire entre en conflit avec la loi de Dieu, le chrétien n'a d'autre recours que d'obéir à Dieu, même au prix de sa vie (Philippiens 1.21).

Question à discuter :

* *Dans quel cas le chrétien doit-il refuser d'obéir à l'autorité établie ?*

II. LES CITOYENS CHRÉTIENS N'ONT PAS BESOIN DE CRAINDRE LA LOI

Romains 13.3-4

Quelqu'un a dit : « Je crains Dieu et n'ai point d'autre crainte. » L'automobiliste qui roule selon la limite de vitesse prescrite, qui n'a pas bu d'alcool, n'a aucune raison de se sentir mal à l'aise quand il voit venir derrière lui une voiture de police. De même celui qui paie ses impôts ne manifestera aucune crainte s'il reçoit une lettre du service des impôts. Une erreur peut se glisser, mais il peut certainement les faire rectifier, car il peut donner la preuve de sa bonne foi.

C'est dans ce sens qu'il faut comprendre le texte : « L'amour est donc l'accomplissement de la loi. » le chrétien, ayant l'amour de Dieu dans son cœur, s'efforce d'observer les lois, ce qui lui attire en général l'approbation des autorités.

III. LES CITOYENS CHRÉTIENS PAIENT LEURS IMPOTS

Romains 13.6-7

La nature humaine est telle que beaucoup de gens aiment bénéficier de l'ordre et de la sécurité dans leurs communautés, mais refusent de participer aux dépenses nécessaires pour faire fonctionner les services publics.

Nous vivons dans un monde très imparfait, où l'injustice semble souvent prendre le pas sur la justice. Chaque année, on nous réclame plus d'impôts même, si nos salaires n'augmentent pas pour compenser les débours que nous faisons. Mais le Seigneur Jésus lui-même nous a donné le bon exemple en la circonstance. Ses paroles doivent constituer la devise du chrétien en matière d'impôts : « Rendez donc à César [les autorités établies] ce qui est à César, et à Dieu ce qui est à Dieu. (Matthieu 22.21). Schadrac, Méschac et Abed-Nego n'ont pas adoré la statue de Nebucadnetsar, parce qu'ils savaient que l'adoration n'est due qu'à Dieu seul, mais Jésus a lui-même payé l'impôt parce qu'il voulait donner le bon exemple. Faisons de même.

Question à discuter :

• *Pourquoi le chrétien doit-il payer les impôts ?*

IV. LES CITOYENS CHRÉTIENS AIMENT LEURS PROCHAINS

Romains 13.8-10

Paul reprend ici un thème qu'il a adressé au chapitre 12 (voir 12.17-20). L'amour de Dieu dans le cœur du chrétien le porte non seulement à ne pas faire de mal à son prochain, mais à lui faire tout le bien possible.

L'apôtre Jacques nous fait comprendre que l'amour n'est pas quelque chose de passif, mais plutôt dynamique, quand il écrit : « Celui donc qui sait faire ce qui est bien, et qui ne le fait pas, commet un péché » (Jacques 4.17).

Question à discuter :

• *Comment l'amour est-il l'accomplissement de la loi selon Romains 13.10 ?*

V. LES CITOYENS CHRÉTIENS MANIFESTENT LEUR FOI

Romains 13.11-14

Paul a mentionné les sujets qui lui semblaient être importants dans nos rapports avec l'État. Mais il termine cette section sur une note qui concerne notre espérance dans un monde meilleur.

A. Attendant le retour de Jésus

Nous sommes des étrangers en transit sur cette terre. Nous nous attendons à une cité dans le monde à venir. Nous devons proclamer à un monde en perdition un telle espérance (voir 2 Pierre 3.11-13).

B. Montrant Jésus dans notre vie

À cause d'une telle espérance, nous devons vivre une vie de sainteté et de justice. Comparez Romains 13.12-14 et 2 Pierre 3.14-18. Les deux apôtres nous convient à nous éloigner des œuvres du monde et de la politique des hommes, pour nous revêtir des armes de Dieu et des fruits de l'Esprit.

« Mais croissez dans la grâce et dans la connaissance de notre Seigneur Jésus-Christ. À lui soit la gloire, maintenant et pour l'éternité ! Amen ! » (2 Pierre 3.18).

Leçon 12

LA TOLÉRANCE CHRÉTIENNE

PASSAGE BIBLIQUE SUR LA LEÇON

Romains 14.1-22

VERSET À RETENIR

« Car le royaume de Dieu, ce n'est pas le manger et le boire, mais la justice, la paix et la joie, par le Saint-Esprit » (Romains 14.17).

BUT DE LA LEÇON

Encourager une ouverture d'esprit par rapport aux points de vue d'autrui, et encourager de la considération pour les sentiments d'autrui

INTRODUCTION

Le jour de la Pentecôte, trois mille personnes acceptèrent Jésus-Christ comme leur sauveur personnel et firent leur entrée solennelle dans le royaume de la grâce. Mais ils étaient de nationalités diverses et apportaient avec eux, dans l'Église chrétienne, leurs traditions et leurs coutumes.

Le quinzième chapitre du livre des Actes nous fait le récit des premières difficultés relatives à la différence de coutumes et de traditions parmi les premiers chrétiens, ainsi que de la solution apportée par les apôtres sous l'inspiration de l'Esprit. D'un côté, il y avait des Juifs convertis qui exigeaient l'observance par tous des lois cérémonielles promulguées par Moïse comme condition préalable au salut (Actes 15.1) — ce qui était assez pénible pour les païens nouvellement convertis ; d'un autre côté, les apôtres reconnaissaient la primauté du salut par la grâce, et l'absence de différence entre Juifs et non Juifs quant à la réception du Saint-Esprit qui purifie tous les cœurs par la foi (Actes 15.9 et 11).

La décision des apôtres était de ne pas forcer les païens nouvellement convertis à judaïser, mais que tous — Juifs ou non — devaient se conformer à certaines règles de conduite (Actes 15.28-29). Ces règles de conduite sont valables aujourd'hui encore.

Dans ce chapitre, l'apôtre Paul fait appel à la tolérance — accepter les préférences d'autrui, tant qu'elles ne sont pas en contradiction directe avec les doctrines fondamentales de la foi.

L'esquisse de la leçon est la suivante ;

I.   Acceptons les différences d'opinion — Romains 14.1-12

II. Évitons d'être des pierres d'achoppement — Romains 14.13-18

III. Encourageons-nous mutuellement—Romains 14.19-22

I. ACCEPTONS LES DIFFÉRENCES D'OPINION
Romains 14.1-12

L'apôtre, en parlant de « celui qui est faible dans la foi » semble indiquer qu'il existe deux catégories de croyants : les forts et les faibles. À la vérité, nous avons chacun nos points forts et nos points faibles, de sorte que le terme « faible » est utilisé ici d'une manière relative.

A. La position des « faibles »

Ceux qui sont « faibles dans la foi » ont beaucoup de scrupules, ils ont tendance à se conformer strictement aux traditions. Ils sont soucieux de ne rien faire qui puisse être considéré comme étant une dérogation aux règles. Ils croient qu'ils sont sauvés par grâce, mais ils essaient de vivre d'une manière très stricte.

L'apôtre considère deux aspects pratiques de la vie quotidienne qui confrontent les chrétiens « faibles ».

1. ***Distinction au sujet des aliments.*** Beaucoup de personnes considèrent qu'il n'est pas convenable de manger de la viande. On appelle de telles personnes des végétariens. Les végétariens se nourrissent de fruits et de légumes et de tout autre produit de la terre, mais ils refusent de se nourrir de viande. Nous disons souvent que les goûts ne se discutent pas. Chacun est libre de manger ce qui lui plaît et de s'abstenir de ce qui lui déplaît. Bien sûr, certaines personnes ne mangent pas de viande pour des raisons physiques. Mais il y en a beaucoup qui croient que c'est un péché que de manger de la viande. De telles gens ont de la difficulté à accepter des textes comme Genèse 9.3 : « Tout ce qui se meut et qui a vie vous servira de nourriture. »

Certains groupes religieux ont des règles très strictes à propos de ce qu'il faut manger et de ce qu'il ne faut pas manger. Dans l'Ancien Testament, par exemple, Moïse avait donné aux Israélites des instructions très précises à ce sujet. Certains animaux étaient considérés purs, d'autres étaient considérés impurs (voir Lévitique 11). Les Juifs nouvellement convertis désiraient voir tous les chrétiens — quelle que soit leur nationalité — suivre ces règles culinaires. Ils disaient même qu'à moins de les suivre on ne pouvait être sauvé. Le sacrifice de Christ perdait ainsi son caractère unique.

2. *Distinction au sujet des jours.* *Le* deuxième aspect considéré par l'apôtre concerne les jours de la semaine et les époques de l'année. Pour les Juifs, leur sabbat (notre samedi), jour de repos, devait être observé de manière stricte — y compris les distances à parcourir (Actes 1.12, il s'agissait d'un kilomètre environ). Certains groupes religieux aujourd'hui considère l'observance du sabbat juif comme étant toujours en vigueur avec toutes ses restrictions. Ils oublient, par ailleurs, qu'outre le sabbat, les juifs étaient dans l'obligation d'observer les nouvelles lunes et d'autres dates de manière précise.

De même, il y a des chrétiens aujourd'hui qui considèrent l'observance du dimanche exactement comme le sabbat juif. La seule différence réside dans le choix du jour. Autrement, ils y appliquent des restrictions aussi sévères, et considèrent ceux qui ne les observent pas strictement comme étant déchus de la grâce. De telles personnes, par exemple, ne voyageront pas le dimanche par voie terrestre, maritime ou aérienne.

B. La position des « forts »

Ceux qui sont « forts » dans la foi ont des scrupules aussi, mais ils ne considèrent pas les choses de manière si stricte au point de se priver de toute joie et de tout amusement.

En ce qui concernent les aliments, ils appliquent le principe suivant : « Mangez de tout ce qui se vend au marché, sans vous enquérir de rien par motif de conscience ; car la terre est au Seigneur, et tout ce qu'elle renferme » (1 Corinthiens 10.25).

En ce qui concerne les jours, ceux qui sont « forts » les « estime tous égaux » (Romains 14.5). Chaque jour pour eux est un jour d'adoration, chaque jour pour eux donne lieu à la célébration et à la louange du Créateur et de son Fils Jésus-Christ. Chaque jour est un jour que le Seigneur a fait, ce qui est pour lui une occasion de se réjouir. Bien sûr, il observe un jour de repos par semaine, mais que survienne une circonstance urgente, il ne ressent aucune culpabilité à aider sa famille ou un voisin à faire face à une difficulté, ou à voyager ce jour-là.

C. La bonne attitude à observer

1. *Chacun doit avoir en son esprit une pleine conviction — Romains 14.5.* On ne doit pas agir en fonction des attitudes d'autrui, mais on doit plutôt agir selon sa conscience. Il n'est pas bon de faire telle ou telle chose, parce que tout le monde semble la faire.

2. *Chacun doit accorder la priorité à ce qui est essentiel.* Chacun a ses goûts particuliers ; chacun voit les choses d'une manière différente.

L'essentiel, c'est que Christ est mort pour tous (Romains 14.15b) ; c'est que le Seigneur accueille chacun de nous quel que soit notre « force » ou notre « faiblesse » (Romains 14.5b) ; c'est que nous pouvons glorifier Dieu, lui rendre grâces par ce que nous faisons ou par ce que nous nous abstenons de faire (Romains 14.6).

3. *Nous devons tous pratiquer ta tolérance et nous abstenir de juger.* Comprenez bien, celui qui ne mange pas une certaine chose considère ceux qui la mangent comme étant « faibles » — c'est-à-dire incapable de résister à une certaine tentation. D'un autre côté, celui qui mange de tout, considère ceux qui s'abstiennent de certains aliments comme étant « faibles » — c'est-à-dire se privant, par peur, de choses qui sont très bonnes.

Nous devons être tolérants, sachant que c'est Dieu qui jugera, en fin de compte, les motifs de nos actions et de nos abstentions (Romains 14.12).

Question à discuter ;

• *Quelle différence y a-t-il entre tolérer les opinions d'autrui et tolérer les péchés d'autrui ?*

II. ÉVITONS D'ÊTRE DES PIERRES D'ACHOPPEMENT
Romains 14.13-18

« Pensez plutôt à ne rien faire qui soit pour votre frère une pierre d'achoppement ou une occasion de chute » (Romains 14.13b). C'est là une recommandation judicieuse et très utile dans nos rapports mutuels.

Une pierre d'achoppement, c'est tout obstacle placé sur notre chemin et contre lequel nous pouvons nous heurter. Notre attitude peut heurter la foi des chrétiens très scrupuleux au point qu'ils peuvent déchoir de la grâce.

Comment pouvons-nous éviter d'être des pierres d'achoppement ?

1. **En ayant de la considération pour les préférences et objections d'autrui.** Vous n'inviterez pas quelqu'un à manger chez vous et lui servir un plat que vous savez qu'il répugne par motif de conscience.

2. **En mettant les intérêts du Royaume de Dieu au-dessus de nos intérêts personnels.** Dieu ne veut pas qu'aucun périsse, mais que tous parviennent au salut (2 Pierre 3.9). « Car le royaume de Dieu, ce n'est pas le manger et le boire, mais la justice, la paix et la joie, par le Saint-Esprit » (Romains 14.17). Jésus, du reste, nous a recommandé de travailler non pour la nourriture qui périt, mais pour celle qui subsiste jusque dans la vie éternelle (Jean 6.27).

3. **En appliquant la règle d'or.** Jésus-Christ a énoncé une règle qui doit nous servir de guide dans nos relations mutuelles. Cette règle s'énonce comme suit : « Tout ce que vous voulez que les hommes fassent pour vous, faites-le de même pour eux » (Matthieu 7.12). Vous voulez que les autres respectent vos opinions et vos préférences, quelque étranges qu'elles semblent être ; agissez de même à leur égard.

Si chacun de nous agissait ainsi, notre monde serait un bien meilleur endroit.

Question à discuter :

- *Pourquoi avons-nous de la difficulté à appliquer la règle d'or ?*

III. ENCOURAGEONS-NOUS MUTUELLEMENT
Romains 14.19-22

« Il faut s'entraider, c'est la loi naturelle. » Personne n'est une île ; nous dépendons les uns les autres.

L'apôtre nous invite à rechercher « ce qui contribue à la paix et à l'édification mutuelle » (Romains 14.19).

A. L'importance de la paix

William Barclay, dans son commentaire sur ce verset, nous apprend ce qui suit : « Dans le Nouveau Testament, la paix ne signifie pas simplement absence de trouble ; la paix n'est pas une chose négative, elle est intensément positive ; elle signifie tout ce qui contribue au bien suprême de l'homme. »

Le chrétien n'utilise pas sa « force » pour briser la résistance des autres ou pour se moquer de leurs scrupules, mais plutôt pour rechercher l'harmonie dans la joie et la paix. Lorsque les premiers chrétiens se rencontraient, ils se disaient à l'exemple du Seigneur : « La paix soit avec vous ! » (Jean 20.19, 26). Une telle salutation indiquait que l'espérance commune était ce qui importait le plus. « Je vous laisse la paix, je vous donne ma paix. Je ne vous la donne pas comme le monde la donne », a dit le Seigneur Jésus (Jean 14.27). Une telle paix ne cause ni trouble ni alarme.

B. L'importance de l'édification

Les croyants, en tant que membres du corps de Christ, sont décrits comme des « pierres vivantes » qui s'édifient pour « former une maison spirituelle, un saint sacerdoce, afin d'offrir des victimes spirituelles, agréables à Dieu » (1 Pierre 2.5).

William Barclay écrit à propos de l'édification mutuelle : « L'image de l'Église comme un édifice se retrouve à travers le Nouveau Testament. Les membres sont des pierres de l'édifice. Tout ce qui relâche le tissu de l'Église est contre Dieu ; tout ce qui renforce le tissu est selon Dieu. La tragédie c'est que, dans de nombreux cas, ce sont des petites choses sans importance qui troublent la paix des frères, des questions de loi et de procédure … et de prestige. Un âge nouveau se dessinerait dans l'Église si nous nous rappelions que même si nous possédons la liberté chrétienne, c'est toujours une offense d'utiliser cette liberté comme si elle nous conférait le droit d'attrister et de briser le cœur et la conscience de quelqu'un d'autre. Si une Église n'est pas un corps de gens qui, dans l'amour, ont de la considération les uns pour les autres, elle n'est pas du tout une Église. » *(Étude biblique quotidienne, l'Épître aux Romains).*

La recommandation suivante de Paul est très importante : « Tout est permis, mais tout n'est pas utile ; tout est permis, mais tout n'édifie pas. Que personne ne cherche son propre intérêt, mais que chacun cherche celui d'autrui » (1 Corinthiens 10.23-24).

Dans une telle perspective, les « forts » et les « faibles » contribuent chacun pour sa part à l'édification du corps de Christ, et cela vaut infiniment plus que les discussions sur des questions d'opinion.

Question à discuter :

• *Quel est notre rôle en tant que « pierre vivante ? »*

(Lecture supplémentaire à la 12° leçon)

FORCE ET FAIBLESSE

Cette force physique qui nous vaut des égards, que vaut-elle elle-même ? C'est l'histoire du soldat qui massacre Archimède, et que rappelle opportunément, en notre temps, M. Gillouin. Mais notre force psychique ou intellectuelle, notre force morale même, ont-elles plus de valeur dans la perspective de notre vraie destinée ?

Je ne veux pas laisser ma plume m'entraîner au paradoxe et à l'exagération. Si j'ai cherché tout à l'heure à réhabiliter les faibles, je ne veux pas maintenant calomnier les forts. Oh ! certes, ces derniers n'ont guère besoin que je prenne leur défense. Mais la force peut aussi être un don, que Dieu confie à certains hommes pour la défense du bien et de la justice. La vigueur de leurs muscles, la puissance de leur intelligence et de leur imagination, leur autorité morale et leur maîtrise d'eux-mêmes ont, comme l'intuition ou la sensibilité des faibles, une valeur immense quand elles sont dirigées par Dieu.

Ce que je soutiens seulement ici, c'est que la dignité de l'homme ne vient ni de sa force, ni de sa faiblesse, en elles-mêmes, mais de l'usage qu'il en fait pour ou contre Dieu ; c'est que force et faiblesse ne sont que des données naturelles, neutres, comme tout ce qui vient de la nature ; des données qui comportent, chacune, ses dangers et ses privilèges, son potentiel de bien et son potentiel de mal.

Le malheur, c'est que ces différences de nature séparent les hommes et les opposent. Nous sommes généralement un fort pour quelqu'un et un faible pour quelqu'un d'autre. Et ces dissemblances altèrent nos rapports avec eux. Et celui qui, dans une société, devient le plus fort de tous, court le plus grand danger. Sa force le sépare de tous. Il est atrocement seul.

J'ai vu ainsi des hommes devant qui tout le monde s'incline, couverts d'honneurs et d'estime, pleurer dans mon cabinet et dire la solitude morale à laquelle les condamne cette universelle déférence ! Force et faiblesse sont des cuirasses qui dissimulent la personne et empêchent la communion. C'est là l'aspect tragique du grand problème des forts et des faibles : on peut être isolé par l'admiration, comme par le mépris, par la peur qu'on inspire, comme par la peur qu'on ressent. « L'envie d'une part, la crainte de l'autre, tarissent tous les échanges vitaux », écrit M. Gustave Thibon. « L'homme … cherche son semblable qui le fuit, et fuit, sans le savoir, l'homme qui le cherche aussi », écrit le Dr J. de Rougemont.

Il n'y a pas de communion véritable entre les hommes tant qu'ils apparaissent les uns aux autres comme des faibles ou des forts. Il peut y avoir une fausse communion apparente, par la soumission aveugle des uns aux autres. Mais cette fausse communion qui a pour prix le refoulement de la personnalité du faible, aboutit tôt ou tard à des catastrophes pour l'un et pour l'autre.

Il n'y a de communion humaine que dans le sentiment de l'égalité des personnes. Or, précisément, la personne est pareille en tout homme, mais elle est voilée par l'écran que constituent nos réactions fortes et faibles. Aussi est-ce pour rouvrir à notre société moderne le chemin de la communauté, que nous devons dénoncer cette grande aberration de notre temps, qui juge les hommes selon leurs apparences, fortes ou faibles.

Nous devons aider les forts à comprendre les faibles, ce qui est très difficile. Entre les peuples aussi, les rapports de force suscitent des attitudes offensives et défensives qui font gravement obstacle à leur compréhension mutuelle. Pour découvrir les hommes, il faut passer derrière ce rideau des apparences et atteindre la personne, pareille en chacun, ni forte, ni faible, ou plutôt forte et faible tout à la fois, tiraillée qu'elle est constamment entre ses aspirations et ses résistances.

—Paul Toumier

(Extrait de *Les forts et les faibles,* pp. 145-46, Éditions Délachaux et Niestlé, 1970).

Leçon 13

L'ÉGLISE EN PROGRÈS

PASSAGE BIBLIQUE SUR LA LEÇON

Romains 16.1-27

VERSET À RETENIR

« Pour vous, votre obéissance est connue de tous ; je me réjouis donc à votre sujet, et je désire que vous soyez sages en ce qui concerne le bien et purs en ce qui concerne le mal » (Romains 16.19).

BUT DE LA LEÇON

Souligner les instructions de Paul concernant les attitudes et les rapports qui doivent prévaloir dans l'Église.

INTRODUCTION

L'apôtre termine presque toujours ses épîtres par des considérations pratiques. Ces considérations dans l'épître aux Romains, bien que n'ayant pas la même portée doctrinale des thèmes traités dans les premiers chapitres, possèdent néanmoins une grande valeur en ce qu'elles servent de guide pratique pour les rapports quotidiens entre les membres de l'Église pour une meilleure communion de cœur et d'esprit.

À partir de la deuxième moitié du chapitre 15 jusqu'à la fin de l'épître aux Romains, Paul fait des commentaires personnels et envoie des salutations. Il parle de son désir de visiter les chrétiens de Rome au cours de son voyage en Espagne, discute son rôle d'apôtre et ajoute quelques notes personnels écrits, peut-être, de sa propre main.

Nous considérons les points suivants :

I.   Prenez soin des liens d'amour — Romains 16.1-16

II. Prenez garde à ceux qui divisent — Romains 16.17-19

III. Préparez-vous pour la victoire finale — Romains 16.20

IV. Prêtez attention aux compagnons d'œuvre — Romains 16.21-24

V.   Une prière de louange — Romains 16.25-27

I. PRENEZ SOIN DES LIENS D'AMOUR
Romains 16.1-16

Paul écrivit l'épître aux Romains tandis qu'il séjournait à Corinthe aux environs de l'an 58. Le port de Corinthe, de l'époque, s'appelait Cenchrées. Là vivait une femme nommée Phoebé qui était diaconesse dans l'Église de Corinthe. Il semble que Phoebé se rendait à Rome et Paul la chargea de délivrer l'épître aux chrétiens de la capitale impériale. Paul débute donc ses salutations en priant les chrétiens de Rome de l'accepter comme une sœur et de lui donner toute l'aide nécessaire au cours de son séjour. Il leur fait comprendre que Phoebé a toujours aidé ceux qui l'entouraient et qu'elle devrait espérer la même attention parmi les frères et sœurs de Rome.

Les liens qui unissent les croyants ne sont pas imaginaires, ils sont forgés dans l'amour *agape*, l'amour qui prend sa source en Dieu.

Aux versets 3 à 16 du chapitre 16, Paul envoient des salutations à diverses personnes qui ont contribué d'une manière ou d'une autre à l'avancement de la cause de l'Évangile. Chacun de nous a son rôle dans le corps de Christ et aucun rôle n'est insignifiant. La lecture de la liste des salutations nous fait sentir les tiens solides, tissés dans l'amour, qui unissaient ces chrétiens, malgré ta grande distance qui les séparait. À cette époque, les voyages se faisaient à dos d'animaux, en chariots ou par des bateaux à voiles, et ces voyages étaient longs et pénibles. Paul ne connaissaient certains de ces chrétiens que de renommée. Quelques-uns avaient risqué leurs vies pour la sécurité de l'apôtre (16.3-4) ; d'autres l'ont traité comme membre de leur propre famille (16.13) ; et la plupart d'entre eux ont travaillé avec beaucoup de zèle pour le Seigneur (16.9, 12).

Ces chrétiens, venus apparemment de divers pays, avaient forgé à Rome des liens d'amour plus solides que les mailles d'un filet servant à attraper des poissons. Ils étaient pêcheurs d'hommes. Et, malgré la distance qui les séparait de leurs bien-aimés au pays natal, ils communiquaient entre eux en prière.

Il n'existe pas de vraie Église sans ces liens d'amour chrétiens marqués au coin d'une loyauté sincère.

Question à discuter :
- *Qu'est-ce qui devrait caractériser les rapports existant entre les chrétiens ?*

II. PRENEZ GARDE À CEUX QUI DIVISENT

Romains 16.17-19

Les chrétiens, bien sûr, sont appelés à ne pas faire de distinction entre les personnes au sein de l'assemblée (Jacques 2.1ss.). Riches et pauvres, éduqués ou ignorants, serviteurs ou maîtres, nous sommes tous fils et filles d'un même Père qui nous aime tous autant. Toutefois, nous devons faire attention aux attitudes qui créent des divisions et minent la vitalité du corps de Christ.

Paul parle ici de personnes qui ne sont pas des chrétiens authentiques, mais qui s'introduisent dans l'assemblée comme des brebis, alors qu'au fond ils ne sont que des loups ravisseurs, animés d'un zèle amer et qui se font passer pour ceux qu'ils ne sont pas. Dans certains cas, Paul recommande même de rompre complètement les relations avec de telles personnes (1 Corinthiens 5.11). Ici, il emploie l'expression : « Éloignez-vous d'eux » (Romains 16.17b).

Nous devons manifester, il est vrai de l'amour envers tous, mais nous ne devons pas être naïfs quant aux intentions malhonnêtes de ceux qui pensent plus à leurs intérêts personnels — « leur propre ventre » — qu'aux intérêts du royaume de Dieu. C'est pourquoi l'apôtre recommande aux chrétiens de Rome — et à nous aussi — d'être « sages en ce qui concerne le bien et purs en ce qui concerne le mal » (16.19).

L'apôtre Pierre, du reste, nous fait la même recommandation : « Soyez sobres, dit-il veillez. Votre adversaire, le diable, rôde comme un lion rugissant, cherchant qui il dévorera. Résistez-lui avec une foi ferme » (1 Pierre 5.8-9). Le diable ne se présente pas à nous avec des cornes et des pieds fourchus, mais utilise des « faux frères » (Galates 2.4) qui se glissent parmi nous pour semer la discorde.

Question à discuter :

- *Pourquoi devons-nous prendre garde à ceux qui causent des divisions et des scandales dans l'Église ?*

III. PRÉPAREZ-VOUS POUR LA VICTOIRE FINALE

Romains 16.20

A. L'application temporelle

L'apôtre vient d'avertir les croyants de Rome au sujet des « faux frères ». Il fait suivre cet avertissement de la promesse que Dieu leur donnera bientôt la victoire sur les puissances démoniaques qui essaient de semer la division parmi eux. Il est bon de savoir que la victoire finale est nôtre si nous demeurons fermes.

B. L'application éternelle

Paul semble aussi anticiper le fait que la solution finale de Dieu au problème du mal n'est pas loin d'être appliquée. L'Église doit vivre constamment dans l'attente du retour du Seigneur. Le mot « bientôt » implique non seulement l'imminence, mais surtout la certitude que le plan de Dieu se réalisera à coup sûr. Pour Dieu, mille ans c'est comme un jour (2 Pierre 3.8), de sorte que les deux mille années de l'existence de l'Église ne sont que deux jours aux yeux de Dieu.

Quand le temps de la victoire finale semble tarder, il nous faut tenir ferme, car la prophétie se réalisera en son temps à coup sûr (Habacuc 2.3).

Question à discuter :

- *Pourquoi est-il important de tenir ferme dans l'attente de la victoire finale ?*

IV. PRÊTEZ ATTENTION AUX COMPAGNONS D'ŒUVRE
Romains 16.21-24

Paul a toujours prêté attention à ceux qui collaborent avec lui dans le ministère de la prédication de l'Évangile. Un examen des versets d'introduction de ces diverses épîtres montre qu'il associe d'autres personnes à lui quand il adresse ses premières salutations et aussi à la fin des épîtres.

Dans l'épître aux Romains, l'apôtre fait mention de Tertius, qui écrit sous sa dictée ; de Gaïus, qui lui a donné l'hospitalité ; de Timothée, son fils dans la foi ; d'Eraste, un fonctionnaire public ; de Lucius, de Jason, de Sosipater, de Quartus, tous des personnes qui l'ont aidé à un titre ou à un autre.

Il est de notre obligation de reconnaître le rôle de ceux qui apportent leur contribution positive à l'œuvre de Dieu autour de nous. Chaque membre est important et contribue au bien-être de tout le corps. Ils sont tous dignes de considération et ne doivent pas être ignorés quand l'occasion se présente. (voir 1 Thessaloniciens 5.12-13.)

Question à discuter :

- *Pourquoi Paul associe-t-il ses compagnons d'œuvre à lui dans ses salutations ?*

V. UNE PRIERE DE LOUANGE

Romains 16.25-27

Nous avons remarqué dans l'épître aux Romains plusieurs doxologies ou expressions de louange ou de bénédiction. voir, par exemple, Romains 1.25 ; 9.5 ; 11.33-36. La dernière doxologie se trouve en Romains 16.25-27. Nous pouvons remarquer cinq grands thèmes dans cette doxologie finale :

A. Celui qui établit — Romains 16.25

Paul s'est intéressé, à travers cette épître, à l'affermissement des croyants dans la foi. C'est Dieu qui peut affermir.

B. L'Évangile proclamé — Romains 16.25

Paul est si engagé dans la prédication de l'Évangile qu'il l'appelle « mon Évangile » (16.25). Cela ne veut pas dire qu'il prêche un autre message — loin de là (Galates 1.8) — mais plutôt qu'il s'est lui-même approprié les bénéfices du message qu'il prêche, message qui est tout un plan de vie, tout un programme d'action.

C. Le mystère révélé — Romains 16.25

Le message dans les prophéties a été révélé dans sa plénitude en Jésus-Christ et à travers la prédication de l'Évangile qui est la Bonne Nouvelle.

D. L'universalité du message — Romains 16.26

L'Évangile n'est pas pour un petit groupe, mais est « porté à la connaissance de toutes les nations, afin qu'elles obéissent à la foi » (Romains 16.26).

E. Louange au Père et au Fils — Romains 16.27

Toute gloire revient à Dieu qui s'est manifesté en Jésus-Christ. Nous ne pouvons rien faire sans lui. C'est à lui, par lui, pour lui et en lui que sont toutes choses. Il est le seul sage dont la sagesse n'est jamais périmée.

Paul termine donc avec ces mots de louange : « À Dieu, seul sage, soit la gloire aux siècles des siècles par Jésus-Christ ! Amen ! » (Romains 16.27).

Question à discuter :

- *Quel est le rôle des expressions de louange dans l'épître ?*

CONCLUSION

Nous terminerons cette leçon avec une brève révision des grands points traités par l'apôtre.

1. Paul nous aide à comprendre l'universalité du péché et la profonde incapacité de l'homme à se sauver lui-même.

2. Le jugement de condamnation de Dieu est en harmonie avec sa justice et sa sainteté. Nous sommes tous égaux devant lui dans la condamnation.

3. Dieu veut accorder le pardon à tout pécheur repentant qui accepte les bénéfices du sacrifice de Jésus-Christ.

4. Le salut est par grâce. Cette grâce surabonde là où le péché abonde.

5. L'homme, sauvé par grâce, est invité à être sanctifié par l'Esprit, afin d'avoir la victoire sur le péché et de continuer à vivre victorieusement, croissant dans ta grâce, et dans la connaissance chaque jour plus approfondie de Jésus-Christ.

6. La vie de sainteté ne se vit pas en vase clos, mais s'exprime par notre participation dans la propagation du message du salut et dans tes œuvres de justice, de compassion et d'amour à l'égard du prochain.

La sainteté doit être vécue dans notre vie quotidienne, dans nos responsabilités civiques et dans la communion des fidèles. Nous sommes appelés à vivre à la fois en tant que citoyens respectueux des lois établies et en tant que citoyens du Royaume de Dieu, attendant et annonçant la venue du Seigneur en gloire et en puissance.

www.ingramcontent.com/pod-product-compliance
Lightning Source LLC
Chambersburg PA
CBHW021135020426
42331CB00005B/786